샤랑, 패션, 친구, 미래에 대한
10대들의 질문에 답하는 마법의 길!

the oracle

엠리스 지음 | 김은희 옮김

지혜의나무

더 오라클

지은이 | 엠리스

옮긴이 | 김은희

초판 1쇄 발행 2007년 12월 10일

펴낸이 | 이의성

펴낸곳 | 지혜의나무

등록번호 | 제1-2492호

주소 | 서울시 종로구 관훈동 198-16 남도빌딩 3층

전화 | (02)730-2211 팩스 | (02)730-2210

ⓒ지혜의나무   ISBN 978-89-89182-69-6 03180

* 잘못된 책은 바꾸어 드립니다.

contents

오라클의 세계로 오신 것을 환영합니다!

오라클의 세계로 오신 것을 환영합니다! 당신
이 카드를 시작하려 한다는 걸 알고 있답니다.
자, 좋아요. 이대로 주욱 한번 해 봅시다. 어
떤 카드가 당신의 눈길을 사로잡나요? 그 카
드를 뽑아서 한번 보세요. 5장에서 그 의미를
읽어보세요.

그 카드가 아직 당신에게 많은 것을 의미하진 않을
겁니다. 질문이 없이는 대답도 큰 의미가 없기 때
문이죠. 여기서 당신이 개입해야 합니다. 호기심을
갖는다는 것은 당신이 깨어 있다는 뜻이죠. 누구
를? 무엇을? 언제? 왜? 어디서? 어떻게? 당신의 가
슴과 머리에 이런 질문을 던지는 것을 두려워하지
마세요. 당신이 질문을 물어보지 않으면 슬픔과 편
집증, 기회를 놓쳐버리는 상태로 인도될 뿐이랍니
다. 카드를 뽑아 뒤집기 전에 당신의 입술에서 흘
러나온 질문들은 가능성의 문을 여는 열쇠입니다.
그러니 질문들이 흘러가 버리기 전에 잡으세요!
　점이란 혼란스러운 상황에 대해 결정하는 것을
돕는 것입니다. 그럴 때 신탁에 물어봐서 안내를 받
는 것입니다. 신탁은 많은 형태를 취할 수 있습니

다. – 동전, 돌, 나뭇가지나 이 책에서와 같은 카드 등. 이 오라클 카드는 질문에 대한 답을 찾거나 어떤 조언을 듣기 위한 도구일 뿐이에요. 시간이 가면서 저는, 점이란 것이 개인적이면서도 개별적인 거란 걸 알게 되었답니다. 즉 여러분은 자신만의 환경 안에서 그 질문을 하는 단 한 명의 유일한 사람이랍니다.

그러면 여러분의 질문에 어떻게 답해야 할까요? 오라클은 여러분 스스로가 삶과 운명의 지배자가 되는 것을 돕기 위해 만들어졌습니다. 당신이 힘을 얻기 위한 좁은 길을 열 수 있도록 해답을 줍니다. 오라클 카드에 본인이 노력을 투입하지 않는 한, 이것은 단순한 카드와 책일 뿐입니다. 이 책이 당신에게 초자연적이거나 마술적인 힘을 선사하지는 않습니다. 그러나 숨겨진 기회를 밝혀 보여주어 더 잘 결정할 수 있게 도와줍니다. 또한 자신의 생각과 의견을 만날 수 있는 자신만의 공간을 마련해 줍니다. 그 공간 안에서 스스로에게 펼쳐진 선택 사항들을 서로 비교하고 검토할 수 있죠.

당신은 이 카드가 주는 조언을 얼마나 믿을 수 있나요? 당신은 가족과 친구들이 자신을 믿

고 존중해주길 바랍니다. 그들 역시 당신에게서 그런 것을 원하죠. 그러나 믿음과 존중이 형성되는 데는 시간이 좀 걸립니다. 우정은 처음에 서로 호감이 있거나 어떤 매력이 서로를 유인한 뒤 자라나기 시작합니다. 그 다음 어느 정도 계속 만남이 있고 나서 우정이 자라나기 시작합니다. 시간이 가면 자신의 가장 소중한 비밀을 나눌 정도로 친구를 믿게도 되구요. 그러나 처음부터 그런 식으로 시작하지는 않지요. 오라클을 존중하는 것을 배우는 것도 이와 같습니다. 오라클을 친구로서 받아들이기 전에, 오라클이 말하는 대답에 관해 먼저 심사숙고해 보세요.

처음 오라클 점을 볼 때, '이게 대체 무언지' 의아할지도 모릅니다. 그 다음 몇 가지 사소한 질문을 가지고 타로점을 보면 이해가 가기 시작할 거예요. 결국 여러분은 스스로의 문제에 관한 방법을 발견하게 될 거예요. 그리고 더 큰 문제들에 대해 물어볼 때에도 삶을 인도해줄 수 있다는 걸 알게 될 거예요. 카드가 말해주는 조언과 제안을 친한 친구의 조언처럼 생각하세요. 카드를 보는 것은 이런 식으로 이루어진답니다. 그러나 여러분은 오라클을 소중히 여겨야 해요. 만약 오라클을 존중하지 않는다면, 답을 알아내지 못하거나 카드 없이 살아야 할 거예요.

우리는 모두 자신보다 현명한 사물이나 사람의 도움을 받아야 할 때가 있답니다. 그들은 우리에게 길을 보여줍니다. 두려움, 걱정, 우울함과 외로움 등이 우리 삶에 가득할 때, 우리는 앞으로 전진하기가 어렵습니다. 꼭 결정을 내려야 하거나 도움이 필요할 때, 곁에 물어볼 사람 하나 없는 때도 있지요. 오라클은 여러분이 자기 내면의 힘에 연결되어 기회를 다시 드러내는

것을 돕습니다. 그것이 관계상의 갈등이든 이미지 관리의 문제든, 우정의 위기든 잘 풀리지 않는 계획이든 간에, 오라클은 지금 이 순간에 가능한 것을 당신에게 보여줍니다. 왜냐하면 미래가 어떻게 될지는 지금, 여기에 달려 있기 때문입니다.

카드를 보기 전에 이 책을 빨리 통독하는 것이 여러분에게 도움이 될 거예요. 1장에서 우리는 오라클이 무엇에 대해 어떻게 작용하는지를 보게 될 겁니다. 2장에서 우리는 자신이 가장 물어보고 싶어하는 질문을 알아보게 될 겁니다. 3장에는 카드를 통해 안내를 받았던 이들의 예가 포함되어 있답니다. 당신이 이용할 수 있는 여러 종류의 카드 스프레드와 함께요. 4장에서는 카드 점을 시작해보고, 오라클이 우리에게 어떻게 대답하는지를 살펴볼 것입니다. 5장에서는 이 질문들에 대해 더욱 깊이 알아보고 카드를 배열해서 그들의 여러 의미를 알아볼 거예요.

오라클이 당신을 위해 대신 결정내려 줄 수는 없어요. 단지 새로운 가능성을 열어 보여줄 수 있을 뿐……. 자, 이제 시작해 보죠.

1

운명과 행운, 그 모든 것들

자, 그런데 오라클이 뭐지?

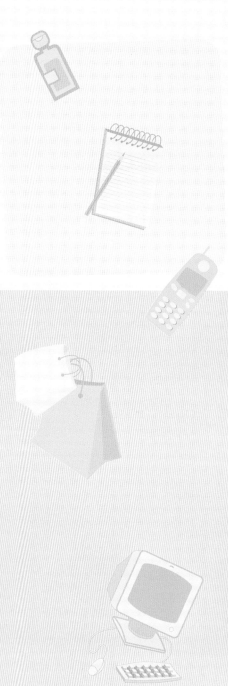

신탁(神託, oracle)이란 우리 스스로 답하기에 너무 어려워보이는 질문들에 대한 답을 얻고, 물어보기 위한 도구입니다. 신탁을 이용하는 것을 점이라고도 부르죠. 사람들은 신탁이나 점을 이용하여 결정을 내리거나 힘들고 곤란한 상황을 잘 극복해갑니다.

사람들은 매일 그들 주변에서 발견되는 물건들로 신탁의 방법을 만들어 왔습니다. 그들이 이용했던 것은 당시에는 최신으로 보였겠지만 지금은 구식으로 보입니다. 나는 우리 시대를 위한, 현대생활의 이미지를 이용한, 우리 모두가 사용할 수 있는 신탁을 만들어보고 싶었어요. 신탁은 고대에 그들이 그랬던 것처럼, 현대의 이미지를 통해서도 충분히 잘 이야기해 줄 수 있어요. 내 말을 믿을 수 없다면, 한번 해 보세요. 당신이 질문을 던졌고 그것이 진심이었다면, 해답을 얻을 거예요. 점에는 '질문하는 이'와 '대답하는 이' 두 편이 필요합니다. 당신과 신탁, 이렇게 말이죠. 그런데 자신이 질문의 동기를 이해하지 못하면, 결과는 초점에서 벗어날 수 있어요. 그러므로 당신은 질문하는 목적에 대해 알아봐야 해요. 자신의 진짜 동기에 대해 시간을 내어 알아본 많은 이들이 다른 이들에게는 행운아처럼 보인답니다. 따라서 시간을 내어 자신의 질문을 분류하고 정리해 보는 것은 당신이 신탁에 조율하는 것을 도와줄 겁니다.

이건 어떻게 하는 걸까?

지금 당신의 마음속에 있는 무언가는 짜증나고 골치 아픈 일인지도 모릅니다. 당신은 그로부터 어떻게 벗어날 수 있는지, 어떻게 앞으로 나갈 수 있을지, 자신이 무엇을 할 수 있을지를 알고 싶을 겁니다. 그러나 당신은 단지 길을 보지 못할 뿐이에요. 오라클은 도로 위를 달리는 차의 백미러와도 비슷하답니다. 그들은 우리가 늘 보지 못하는 현실의 부분들을 비추도록 해 주지요. 오라클은 당신이 모든 각도를 보지 못할 때 거기에 무엇이 있는지를 보여준답니다. 그러나 당신이 특정한 질문을 물어보지 않으면, 유용한 것을 보여줄 수가 없지요.

질문은 마음 깊은 곳에서 올라옵니다. 당신이 이 상황에 대해 원하는 것이 무엇인가요? 당신이 어려운 상황에 빠지기 전에 가고자 했던 곳이 어디인가요? 당신은 진정 어떤 종류의 도움을 필요로 하나요? 믿음이란 것도 결국 우리가 삶에 대해 묻는 질문에서 생겨납니다. 우리 곁에는 언제나 해답이 존재합니다. 오라클은 그 해답들을 찾는 방법 가운데 하나일 뿐이랍니다. 우리가 질문을 하면 우주로부터 해결책이 솟아나옵니다. 어떤 해결책들은 우리 내면에 이미 있던 것이지요. 다만 오라클은 여러분 스스로의 선택 사항들을 보여주고, 무엇이 진실이고 무엇이 가짜인지를 말해줄 뿐이랍니다. 오라클은 이 우주 모든 곳에 있는 지혜를 끌어당겨 알려줍니다. 그것은 우리 안에서도 마찬가지라서, 오라클을 이용할 때 우리는 지혜와 만나지요.

    탐험의 도구로 오라클을 사용하는 것은 나침반을 이용하는 것과 같아요. 나침반이 배는 아니지요. 단지 우리가 가고자 하는 방향이 어딘지를 보여줄 뿐이죠. 그러나 나침반을 이용하면 무작정 대양 위에서 흔들리는 것보다 훨씬 낫죠. 오라클은 당신이 예상치 못한 바윗돌과 여울에 걸리지 않고 항해하고, 자신이 원하는 길을 찾아갈 수 있도록 도와줄 것입니다.

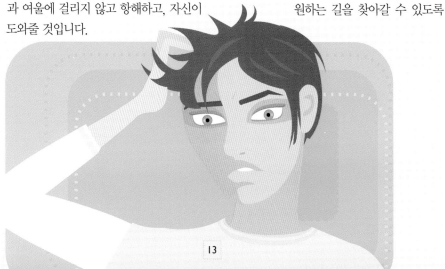

13

숙명과 운명

그 무엇도 미래가 결정된 것은 없고, 영원히 기록된 것도 없으며, 바위처럼 고정된 것도 없답니다. 당신이 사는 방식이 매순간 우주를 변화시킨답니다.

예를 들어, 만일 여러분이 노래를 잘 부르는 능력을 지니고 태어났다면 그때 자신은 '노래 부를 운명'을 타고 났다고 말할 수도 있습니다. 그러나 여러분은 자신의 재능을 가지고 아무것도 안 하거나, 다른 이들에게 노래를 불러주거나, 또는 직업적으로 노래할 수도 있는 선택권을 가지고 있습니다. 여러분의 재능은 값진 것이고 아마도 그것이 당신의 운명인지도 모릅니다. 그러나 자신이 어느 정도의 노력과 결심, 연습을 투자하지 않으면 가수가 될 운명은 아니지요. 아, 그래요. 당신은 실패만이 아니라 행운을 잡을 수도 있어요. 그러나 당신이 처음에 열심히 일하지 않고 자신의 재능을 가꾸지 않으면 어느 누구도 당신과 음반계약을 맺으려 하지 않을 거예요.

　기본적으로, 여러분은 스스로의 운명에 대해 책임을 지니고 있어요. 여러분은 자신의 재능에 협력하여 삶을 좋은 것들로 가득 채울 수도 있고, 단지 게으르게 집에만 있을 수도 있답니다. 그러므로 여러분이 오라클과 작업을 시작할 때, 이미 자신을 위해 준비된 미래를 바꾸려고 하는 것은 아닙니다. 당신은 오라클을 통해 어떤 일이 일어날지, 그리고 그 일들을 다루는 다른 방법이 무언지를 보려는 것입니다.

자유 의지

또한 어떤 일들의 미래가 결정되어 있다는 말을 믿을 필요가 없는 것은 우리에게 자유의지가 있기 때문입니다. 자유의지는 우리를 강하게 하고 실제적이게 합니다. 그것은 우리에게 언제나 선택권이 있으며, 또 그렇게 해야 할 책임이 있다는 뜻이죠. 어떤 일들이 절망적으로 보이는 때일지라도, 당신은 그 이야기에 운명적인 결말을 집어넣을 필요는 없어요. 자유의지란 당신이 '예'냐 '아니요'라고 말할 수 있다는 걸 의미해요. 그리고 무슨 일이 일어나든 변화시킬 수 있다는 뜻이에요.

자유에 관한 많은 논쟁은 여러분이 10대일 때 일어나죠. 여러분은 술을 마시거나 담배를 피거나 자동차를 몰거나 결혼하거나 투표를 못 하게 되어 있을지 모릅니다. 그러나 여러분은 그럴 권리를 가지고 있답니다. 자유의지란 인간으로서 여러분이 가지는 권리의 큰 부분이에요.

자신의 뜻대로 결정하기

오라클은 당신의 뜻대로 결정하는 것을 돕기 위해 여기 있습니다. 당신에게 안내를 해주기 위해, 어떤 해결책을 찾을 수 있는 길을 마련해주기 위해 말이죠. 결정은 여러 가지 것들에 근거한답니다. 당신에게 흥미를 주는 욕구와 목표, 유용한 정보, 그리고 자신의 목표를 성취할 수 있는 가능성 등.

결정을 내리는 데 도움을 얻기 위해, 여러분은 친구들에게 자주 물어볼 겁니다. 그러나 우리들 대부분은 다른 이에게 어떤 일이 적용되는 것을 보고 그 관찰로부터 결론을 이끌어냅니다. 다른 이들의 조언은 그들 자신의 지식과 욕망에 기초해 있습니다. 그러니 그들에게 적용되는 것이 여러분에게는 맞지 않을 수도 있습니다. 우리가 존경하거나 우리에게 감화를 준 사람들의 영향은 결정을 내리는 데 한 요소를 차지할 겁니다. 올바른 해결을 위한 자신만의 길을 찾는 것은 자기 고유의 생각과 요구에 근거해 있어야 합니다. 오라클을 향해 묻는 질문은 여러분 가슴의 요구에서 솟아난 것입니다. 그러므로 자신의 목적을 상담하고 자신의 질문을 물어봐야 합니다. 다른 이들이 당신을 위해 생각하고 행동하여, 당신에게 해결책을 명령내리는 일이 없도록 하세요.

징조와 기적

이것은 징조야! 아니 그것이었나? 우리는 의미심장해 보이는 사건들을 보고 그것들이 어떤 종류로 분류가 안 될 때, 징조나 예언의 의미로 해석합니다. 그러나 예언과 기적에 따라 산다는 것은 좋은 아이디어가 아니에요. 왜냐하면 당신이 그것들에 의존할 수 있기 때문이죠. 해결하기 어렵거나 힘겨운 질문을 하는 대신 자신의 의도를 이해하여 그 대답에 따라 살아보세요. 그러면 당신은 상식을 내던지고 환상으로 대신하려던 것을 끝낼 수가 있어요. 점을 볼 때 당신에게 가장 필요한 것은 바로 세상물정에 밝은 거랍니다. 그것을 잊지 마세요!

진정한 징조와 기적은 명료한 새소리와 함께 온답니다. 여러분이 할머니의 무덤에 꽃 몇 송이를 놓아 드리러 갔는데, 우연히 유럽울새가 가까운 나뭇가지 위에 출현한 것처럼 말이죠. 할머니는 살아계실 때 늘 정원에서 그 새에게 먹이를 주곤 하셨죠. 그래서 그 새를 보고 여러분은 할머니가 가까이 있는 걸 느끼고, 새가 자신에게 감사하러 온 것처럼 생각할 수도 있어요. 이러한 우연은 우리에게 이 우주 만물이 얼마나 밀접히 연결되어 있는지를 알려주는 길이랍니다. 이처럼 우리는 가끔, 그저 우연히 어떤 일이 일어나는 것을 봅니다.

여러분이 지금까지 읽어 왔다면, 자신의 질문을 어떻게 물어봐야 하는지에 대해 생각하기 시작했을 거예요. 자, 그럼 2장으로 가서 질문을 물어보는 몇 가지 방법을 알아보기로 해요. 그것은 보기만큼 쉽지 않답니다.

오라클에 질문하기

언제? 어디서? 누가? 무엇을? 어떻게? 왜? 이와 같이 질문을 하는 것이 오라클에게서 대답을 얻는 도구랍니다. 이와 같은 도구를 이용하는 방법이 중요하죠. 적당히 얼버무린 질문은 모호한 대답을 불러옵니다. 내가 앞에서 말한 대로, 점에는 두 가지 요소가 필요합니다. 당신이 훌륭한 질문을 물어야만 오라클도 당신에게 훌륭한 대답을 줄 수 있어요.

또한 질문을 제대로 된 문장으로 만드는 것은 오라클로 점보는 것보다 오랜 시간이 걸린답니다. 그렇지 않다면, 여러분이 질문을 작성하는 것을 충분히 생각하지 않은 것이 틀림없어요. 오라클은 명료한 조언을 하기 전에 당신의 에너지를 투입받아 어떤 분명한 방향제시를 받을 필요가 있답니다. 그러니 시간을 들여서 주의 깊게 생각하고, 질문을 제대로 만들어 보세요.

여기, 질문을 명료하게 구성하는 것을 도울 아이디어가 몇 가지 있어요.

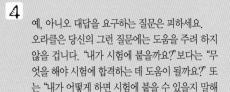

1 자신의 욕구 중 지금 가장 중요한 것을 물어보세요. 단순한 호기심만 가지고는 안 됩니다.

2 질문을 짧지만, 친절하게 만들어보세요.

3 그 질문이 당신이 진정 의도하는 것을 말하는지 확인해 보세요.

4 예, 아니오 대답을 요구하는 질문은 피하세요. 오라클은 당신의 그런 질문에는 도움을 주려 하지 않을 겁니다. "내가 시험에 붙을까요?"보다는 "무엇을 해야 시험에 합격하는 데 도움이 될까요?" 또는 "내가 어떻게 하면 시험에 붙을 수 있을지 말해주세요"라고 하세요.

5 긍정적인 방식으로 질문을 하세요. 그러면 용기를 북돋워주는 대답을 듣게 될 거예요. "언제 이 문제가 사라질까요?"라고 말하기보다는 "이 문제를 해결하기 위해 내가 무엇을 해야 할까요?"라고 물어보세요.

6 한 번에 두 가지를 묻지 마세요. 그것은 오라클에게 혼란을 주므로 '~이거나, ~또는' 같은 질문은 하지 마세요. 각 질문을 따로 물어보세요. "로라와 데이트를 할까요? 아니면 앨리아와 할까요?"라는 질문은 어떤 대답도 얻지 못할 거예요. "로라와 데이트를 가면 어떤 일이 있을까요?"라고 물어보세요. 그 다음 앨리아에 대해서도 물어보구요.

7 질문을 간단하게 만드세요. 당신의 인생 전체의 의미를 묻기보다는 그 중 한 부분에 대해 물어보도록 하세요.

8 정확한 시간을 맞추는 질문을 하지 마세요. 대신, 특정한 시기의 사건을 포함하는 질문을 하세요. "이번 주에 어떤 변화나 발전이 일어날까요?"나 "앞으로 두 달 동안 내게 일어날 큰 사건들에 대해 보여주세요."와 같이 말이죠.

그리고 잊지 마세요. 당신은 자신이 던진 질문에 대해 정말로 대답을 알길 원하나요? 당신은 그렇다고 생각할지도 몰라요. 하지만 당신은 정말 그 대답에 따라 살아야 해요. 어떤 힘든 일과 어려운 결정을 본격적으로 파고들어야 한다는 걸 기억하세요. 질문은 사실을 드러낸다는 것을 기억하세요. 그들에 대해 질문하는 걸 피하지 마세요. 자신의 문제에 대해 질문하기를 시작했을 때, 당신은 스스로를 돕기 시작한 것이랍니다.

일반적으로 일상의 주제에 대해 물어보는 게 제일 좋아요. 너무 사소한 것은 피하고요. 만약 당신의 삶 전체에 영향을 줄 복잡한 문제로 힘겨워하고 있다면, 다른 종류의 도움이 나올 거예요. 오라클은 굉장히 심각한 문제에는 맞지 않아요. 문제가 너무 심각하거나 지나치게 무겁다면, 당신이 믿을 수 있는 누군가나 친구에게 얘기하세요.

당신이 아프거나 낙담하거나 기가 죽었을 때, 그런 기분이 답을 해석하는 방식에 영향을 줄 거란 걸 기억하세요. 기분이 좀 더 나아졌을 때 질문을 해보세요. 오라클을 밤늦게 보면 대답이 별 도움이 안 될 수도 있으니, 아침에 다시 보세요.

helpful questions

가끔은 제대로 된 질문을 묻기가 어렵습니다.
질문을 묻는 방식에 대해 유용하다고 느꼈던 문구가 몇 가지 있죠.

1. 내게 ~에 관해 어떤 격려/도움/아이디어를 주세요.

2. 이 상황에서 초점을 맞추어야 할 가장 중요한 것은 무엇인가요?

3. 이 상황에 대해 어떤 명료함을 주세요.

4. 나는 지금 X의 행동을 어떻게 이해해야만 할까요?

5. 다음 단계를 보여주세요.

6. ~에 관해 조언을 주세요.

7. ~에 대한 방향 감각을 주세요.

당신의 걱정거리에 관해 문장을 작성한 다음, 그에 대해 명료함을 얻기 위해 질문을 하세요. 예를 들면 다음과 같이 하세요. "나는 내 친구가 나를 어떻게 생각하고 있는지 걱정됩니다. 저에게 도움을 좀 주세요."

질문은 카드를 향해 늘 공손하게 물어봐야 합니다. 중요하게 보이지 않을지 몰라도, 그것이 도움이 될 것입니다.

예/ 아니요 질문들

"내가 샐리에게 데이트 신청을 할까요?"라고 당신이 묻고 싶어요. 그러나 당신의 질문이 "샐리에게 데이트 신청을 하는 것에 관해 조언을 좀 해주세요"와 같이 더 많은 정보를 줄 수 있는 방식이라면, 오라클은 더 많은 걸 알려줄 거예요.

그러나 당신이 질문을 하는 것이 너무 흥미롭긴 한데, 저런 방식이 아니라 예/아니요 질문이 계속 떠오른다면 이렇게 시도해 보세요. 아래 키보드의 자판에서 자기 '이름(성을 뺀 이름)'을 구성하는 자모의 숫자를 찾아 모두 더하세요. 그 다음 보지 말고 카드 한 장을 뽑으세요. 당신의 이름에 해당하는 숫자 합에서 고른 카드의 번호를 빼세요. 이 결과, 짝수는 '예'이고, 홀수는 '아니요'입니다. 가끔 마이너스 값이 나올 수도 있는데, 그것은 '아마도'라는 의미입니다.

Q	W	E	R	T	Y	U	I	O	P
8	5	5	9	2	7	3	9	6	7

A	S	D	F	G	H	J	K	L
1	1	4	6	7	8	1	2	3

Z	X	C	V	B	N	M
8	6	3	4	2	5	4

$$\text{S}_1 + \text{A}_1 + \text{R}_9 + \text{A}_1 + \text{H}_8 = 20$$

수정 카드 -4

$$= 16$$

예를 들어,
사라(Sarah)는 좋은 성적으로 시험을 통과할지를 알고 싶어 합니다. 그녀는 '수정' 카드를 뽑았고, 그 카드 번호는 4번입니다. 그녀의 이름을 모두 더하면 다음과 같습니다.

그녀가 카드의 숫자를 빼 보니 짝수가 나왔습니다. 따라서 그녀가 공부를 계속 한다면, 시험에 합격할 좋은 기회입니다.

지배력을 잃느냐, 방향을 찾느냐?

가끔 당신이 질문을 할 때, 전혀 모르겠다는 느낌을 받게 될 거예요. 통제력을 잃을 것 같은 두려움은 우리를 소심하게 하고, 일에 뛰어드는 것을 주저하게 만들죠. 우리 모두가 그랬었답니다. 우리 중 누구도 바보처럼 보이길 원하지 않아요.

자신의 호기심을 숨기는 것이 당신을 결국 지혜롭게 만들지는 않아요. 10대에는 너무노 많은 질문들이 들끓어 올라서 어떨 때는 그로부터 도망가서 숨어버리는 게 편하게 느껴지기도 하죠. 그러나 두려워 마세요. 누구나 큰 문제들을 다루면서 더 현명해졌답니다. 문제들은 당신의 욕구에 초점이 맞춰져 있어요. 질문은 당신을 더 현명하게 만든답니다! 그것들은 당신의 목표를 확인시켜서 자신이 나갈 올바른 방향을 찾게 해 줄 거예요.

속임수와 반복

가끔 오라클은 당신이 듣고 싶지 않은, 그래서 그 대답을 바꾸고 싶은 마음이 드는 얘기를 하기도 한답니다. 그러나 오라클을 속이는 것은 오직 자신을 속이는 것일 뿐이에요. 당신은 자신의 의도에 따라 카드를 뽑았으니, 다른 카드를 뽑으려 하기보다는 그 결과를 존중하려고 노력해야 해요. 만약 오라클이 당신에게 얘기한다면, 들으세요. 가끔 진실은 듣기에 힘든 것일 수도 있어요.

당신이 "옳다"라는 대답을 너무도 원하는데 오라클이 다른 대답을 줄 때, 같은 질문을 거듭 계속 묻지 마세요. 만약 대답이 너무 가혹하다면, 당신의 가장 친한 친구가 좋은 의도로 얘기한 것처럼 그 조언을 받아들이려고 노력해 보세요. 그 다음 오라클에게 다른 식으로 질문을 던져 보세요. "이 상황에 처해 있는 제게 부디 용기를 주는 말을 해 주세요."

한 번에, 또는 하루에 같은 질문을 되풀이하는 것은 당신에게 편집증적으로 느껴지는 예언을 불러 온답니다. 당신이 동생들과 자동차를 타고 여행을 가는데 두 시간이면 도착할 곳을 "아직도 안 왔어?"라고 자꾸 물어본다면 얼마나 짜증날까요? 제발 오라클을 향해서도 자비를 가지세요! 당신에게 이미 대답을 했는데도 "그가 나를 사랑할까요?"라는 질문을 계속 해 보세요. 그 때 오라클이 '나를 조롱거리로 만드는 걸 그만두라'고 당신에게 얘기한다 해도 놀라지 마세요.

정확함을 위한 포인트

당신의 오라클은 정확했나요? 아니면 우주 저쪽 공간의 방향으로 표류했나요? 오라클이 언제나 당신에게 전체적인 해답을 주지는 않을 거예요. 그러나 완전한 로드맵을 제공하지는 않는다 해도, 적어도 당신이 하게 될 여행의 다음 단계를 위한 방향은 제시할 거예요. 어떤 때 오라클은 당신이 있는 곳에 머물라고 조언해줄 것입니다. 자신의 질문을 다시 정의하면 당신의 현재 상황에 더 적합한 도움을 줄 거예요.

예를 들어 당신의 문제가 혼란스러움에 관한 것이고 원래 질문이 "대체 일이 어떻게 되어가는 거죠?"인데, 그 대답이 큰 도움을 주지 않았다면 어떻게 해야 할까요? 당신은 질문을 "나를 혼란하게 만드는 것을 정리할 수 있도록 도와주세요"라든가 "무엇이 지금 내게 가장 큰 도움을 줄까요?"와 같이 더 구체적으로 만들어 물어볼 수 있을 거예요. 여러분이 질문을 물을 그 당시의 상황에 근거하여 오라클이 도움을 줄 수 있다는 것을 기억하세요. 새로운 상황이나 환경의 변화가 있을 때는 새로운 질문을 물어보세요.

여러분이 여기까지 읽어왔다면, 오라클을 정말 활용할 준비가 된 거랍니다. 다음 장으로 가서 어떻게 하는지 알아보기로 하죠.

3

도대체 어떻게 보는 거야?

실례와 카드 스프레드

오라클과 상담하기

이제 시작해 봅시다! 당신에게는 물어보고 싶은 질문이 있고, 질문을 만드는 데 얼마간의 시간을 보냈습니다. 첫 번째, 당신이 있는 장소를 생각해 봅시다. 오라클과 상담하기 위해 당신에게는 조용한, 개인적인 공간이 필요합니다. 외부의 소음과 산만함은 오라클에 집중하기 어렵게 만듭니다. 당신이 늘 완벽한 환경을 조성할 수는 없다 해도, 적어도 문을 잠그는 것은 확실히 하세요. 잠시 음악과 휴대폰도 꺼놓고, 당신이 하려는 것에 파장을 맞춰 보세요.

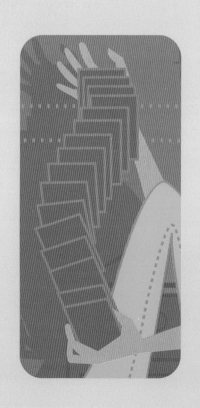

이제 오라클 카드를 집어 들어 뒷면을 위로 향한 채, 조용히 카드를 섞으세요. 어렵게 생각되더라도, 자신이 물어보려는 질문을 머릿속에서 되뇌이면서 말이죠. 자신의 질문이 '카드 안에 있다' 고 느낄 때까지 계속 섞으세요. 당신이 카드를 들고 섞지 못한다면, 카드를 평평한 곳에 놓고 그들을 한데 섞거나 마구 흩뜨리세요. 그 다음, 두 눈을 감고 카드 한 장을 뽑아서 그것을 뒤집으세요. 모든 카드의 의미는 5장에 나옵니다. 질문에 대한 답을 찾기 위해 당신이 고른 카드의 의미를 각 수준에 따라 죽 읽으세요.

스프레드

'원 카드 리딩' (카드 한 장으로 보는 것-역자 주)은 대부분의 경우에 좋습니다. 그러나 가끔 당신은 더 깊이 있는 스프레드를 원할 거예요. 여기 당신이 시도해볼 만한, 오라클을 이용하는 다양한 방법이 있습니다.

과거, 현재, 미래 스프레드

이 스프레드는 삶의 어떤 면에 있어서 과거, 현재, 미래를 보여줍니다. 카드를 섞고 세 위치에 각 한 장씩 놓으세요. 당신의 질문이 우정에 관한 것이라면, 친구의 범주 안에서만 오라클과 상담하세요. 만약 당신의 질문이 어떤 범주에도 맞지 않는다면, 각 카드의 일반적인 범주를 살펴보세요.

1. 과거   2. 현재   3. 미래

과거, 현재, 미래 스프레드의 예

 샬롯드는 오라클에게 자신과 최근에 약간 문제가 생긴 에드와의 관계에 대해 물었습니다. 그녀는 그 자리에서 다음의 카드들을 뽑았습니다.

1. 과거 : 카드 9, 태양

샬롯드는 처음에 에드의 훌륭한 인격 때문에 끌렸습니다. 태양 오라클은 그녀가 처음 생각했던 것보다 그가 더 큰 자아를 가지고 있음을 알려줍니다. 그에게 그녀가 압도당하는 듯 느끼는 것도 여기서 시작되는 듯합니다.

2. 현재 : 카드 2, 파티

이 오라클은 샬롯드에게 그녀가 사람들의 눈에 적게 띌 때, 이 관계에서 최고의 것을 얻을 수 있음을 알려줍니다. 반면 에드는 사람들 앞에 과시하는 경향이 있습니다.

3. 미래 : 카드 8, 심장

심장 오라클은 그 자신만의 이유가 있습니다. 현재의 어려움이 무엇이든, 샬롯드와 에드는 서로 사랑할 거예요. 이것은 그들이 서로의 시간과 공간을 허용할 때 지속될 거예요.

언 스턱(혼란할 때 뽑는) 스프레드

우리 모두 가끔은 혼란해집니다. 이 스프레드는 당신이 앞으로 나아갈 수 있도록 도와줄 거예요. 카드를 섞고 네 장을 뽑아서 아래 보이는 위치에 뒤집은 채로 놓아보세요.

1 당신을 붙잡고 있는 문제는 무엇일까요?
(카드의 일반적인 의미를 읽으세요)

2 나는 어디로 가고 있나요?
(자신이 뽑은 카드의 교육/ 일 부분을 읽으세요)

3 누가 나를 도와줄까요?(문제가 무엇이냐에 따라 친구, 데이트/사랑, 또는 가정생활 등을 읽으세요)

4 향후 어떻게 될까요?
(일반적 의미를 읽으세요)

언스턱 스프레드를 뽑는 예

패트릭은 토요일에 일할 곳을 찾고 있는데 세 번이나 거절당했습니다. 그는 다음의 카드들을 뽑았습니다.

1. 패트릭을 붙잡고 있는 문제는 무엇일까요?
6번 카드, 후회로

그는 이런 일을 예상하지 않았습니다. 그의 모든 친구들은 어떤 종류의 직업을 가지고 있습니다. 그는 그들의 도움으로 직업을 얻으려 했으나 그것은 유용하지 않았습니다.

2. 그는 어디로 가고 있나요?
3번 카드, 피아노

그가 매우 열심히 노력한 것은 아닙니다. 아마도 사장에게 자신을 보여주기 위해 좀더 준비할 필요가 있을 것 같습니다. 자기만족만으로는 도움이 안 됩니다.

3. 누가 그를 도와줄까요?
7번 카드, 선물

이 질문에 대해 선택한 오라클을 보면, 패트릭은 가정생활이 그에게 명료한 메시지를 줄 수 있다고 생각합니다. 이 오라클은 패트릭에게 그의 가족에게 도움을 요청하라고 얘기합니다.

4. 패트릭이 앞으로 나아가야 할 길은 무엇일까요?
22번 카드, 벼랑

벼랑은 3번 위치의 '선물' 오라클에 대해 그가 잘못된 메시지를 보낼 거라는 걸 확인시켜 줍니다. 그는 그 가게에서 일하기에는 너무 경험이 없어 보이네요.

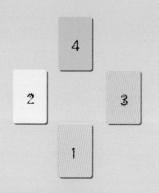

인생 스프레드의 써클

이 스프레드는 당신의 삶의 중요한 시기에 대해 전반적인 예언을 해줍니다. 카드를 섞은 후 각 위치에 한 장씩 놓고는 어떤 일반적인 조언이 자신이 예언하는 시기에 유용한지 물어보세요. 각 카드의 위치에 해당하는 오라클의 영역만을 읽으세요. 예를 들어, 3번 위치에 있을 때는 '데이트/사랑'에 대한 오라클을 읽으세요. 6번 위치에 있을 때는 '교육/일' 이런 식으로 읽으세요.

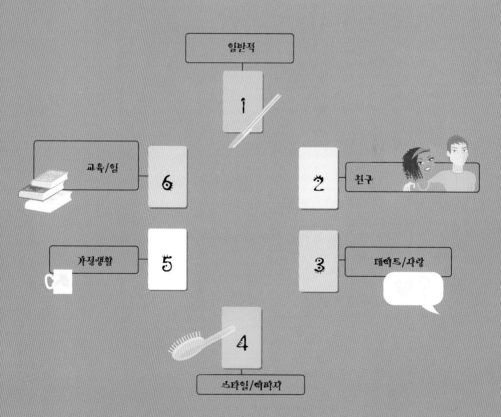

인생 스프레드 서클의 예

케이트는 여름 방학이 끝나고 학교에 돌아오려고 합니다. 그리고 다음 학기의 자신의 생활에 대해 전반적인 예상을 하고 싶어 합니다. 이것들이 그녀가 뽑은 카드입니다.

3. 데이트/ 사랑

11번 카드, '컴퓨터'는 케이트에게 그녀가 잘 알지 못하는 사람 일에는 너무 관여하지 말라고 충고합니다.

4. 스타일/ 이미지

10번 카드, '휴가'. 스타일에 대한 조언은 케이트가 학교 어학 수업의 일부로 프랑스 연수를 가야 한다는 것을 기억할 때 의미가 살아납니다. 그녀가 10월에 파리에서 썬탠을 하지 않는 것이 좋겠다는 조언과 함께 새 옷을 몇 벌 사야 하므로 돈을 절약할 것을 권고합니다. 그녀가 낯선 곳에서 더 자신감을 가질 수 있도록 말이죠.

5. 가정생활

1번 카드, '별'은 모든 것이 가장 최상의 상태이기를 원하는 케이트의 방식에 대해 이야기합니다. 그녀의 훌륭한 취향이 늘 집에서 환영받는 것은 아니죠. 그래서 오라클은 케이트에게 취향 때문에 문제를 일으키지 않도록 조언합니다.

1. 일반적

9번 카드, '태양'은 전체 해석의 분위기를 결정합니다. 이 카드는 케이트에게 너무 열정적이거나 바쁘게 지내지 말라고 이야기합니다. 그녀는 과거의 경험을 통해 자신이 방과 후 활동에 너무 많이 관여하는 경향이 있어서 숙제를 할 에너지가 가끔은 없었던 것을 압니다. 그녀는 곧 중요한 시험을 볼 것이니 교외 활동을 너무 많이 하지 않도록 주의할 필요가 있어요.

2. 친구

15번 카드, '무지개'는 친구와 어떤 오해가 있을 가능성을 암시합니다. 그래서 그녀는 그것을 바로잡기 위해 어떤 도움이 필요할 것 같습니다.

6. 교육/ 일

6번 카드, '우회로'. 오라클은 케이트의 직장일이 어떻게 예정된 방향으로 가지 않을지에 초점을 맞춥니다. 이것은 그녀가 학교로 되돌아가 자신이 선택한 학과를 다른 과로 바꿔야 할 정도로 심각한 것은 아닙니다. 그녀는 조언을 다시 면밀히 읽어서 좀더 잘 이해해야 합니다. 비록 이 변화가 실수처럼 느껴진다 해도 그녀가 자신의 길을 잘 신뢰한다면, 그녀가 원하는 곳으로 데려갈 것입니다.

자신의 생일 카드와 올해의 직관 카드 찾기

결론적으로 말하자면, 당신은 자신의 생일 카드가 삶에 어떤 패턴이나 주제를 주는지 봄으로써 오라클의 도움을 이끌어낼 수 있습니다.

　당신은 자기 생일의 숫자를 다음과 같이 더하여 생일 카드를 찾을 수 있습니다. '월 + 일 + 연도'를 더하세요. 만약 총합이 1~25 사이라면 그것이 당신의 생일 카드입니다. 만약 총합이 25를 넘는다면, 그 숫자의 두 자리를 더하여 총합이 1~25 사이로 나오게 하세요.

예를 보여 드립니다. 닉의 생일은 1987년 5월 14일입니다. 따라서 닉이 이용할 숫자들은 다음과 같습니다:

$$5$$
$$1 + 4 \text{(그 말한 날)}$$
$$1 + 9 + 8 + 7 \text{(연도)}$$

이 숫자들은 다음과 같은 등식을 만듭니다.

$$5 + 1 + 4 + 1 + 9 + 8 + 7 = 35$$

이 결과는 25보다 많습니다. 그래서 닉은 35의 숫자를 더합니다. $3 + 5 = 8$

$$3 + 5 = 8$$

총합(8)은 닉의 생일 카드가 8번, '가슴' 카드라는 걸 보여줍니다.

　또한 당신은 생일의 월과 일을 올해에 더하여 올해의 직관 카드를 확인할 수도 있습니다. 이 카드는 한 번의 생일에서 다음 생일까지 자신이 주의할 영감이나 초점으로서 작용합니다. [그러나 만약 당신의 생일이 12월이고 직관 카드를 4월에 찾는다면, 당신의 올해는 지난 생일이 속해 있던 해(즉, 지난해─ 번역자주)여야 합니다.]

　닉의 경우를 다시 예로 들어 봅시다. 2003년 5월 14일은 5+1+4+2+0+0+3=15, 즉 '무지개'입니다. 당신의 생일이나 올해의 영감 카드에 대한 모든 오라클을 읽고 그들이 매일의 삶에서 당신에게 어떤 안내를 해주는지 보세요. 당신의 생일에 새해의 '직관 카드'를 뽑아 보세요.

　이제 당신이 오라클 카드를 이용하여 더 많은 세부사항과 구체적인 대답을 들을 수 있는 방법을 몇 가지 살펴보기로 하죠.

4

대답
풀어보기

해석

자, 그럼 이들은 모두 어떻게 해석할까요? 해석의 기술은 하룻밤 안에 배워지는 것이 아닙니다. 그러니 스스로에게 인내심을 가지세요. 언제나 해답을 자신의 원래 질문에 다시 연결시키세요.

가장 명확한 대답의 수준을 보세요. 만약 당신이 "나의 이미지에 대해 무엇을 해야 하는지 보여주세요"라고 물었고 22번 '벼랑' 카드를 뽑았다면, 그 오라클은 당신에게 미래의 행복을 희생시킨 채 최신 유행을 표현하는 것을 주의하라고 말하고 있어요. 당신의 머리를 다른 색으로 염색하는 것은 몇 사람을 짜증나게 할 수도 있지만, 그것이 영원히 지속되지는 않을 거예요. 그러나 문신을 하는 것은 그것과 다른 일일 거예요. 당신은 몇 년 후에 그것을 원치 않을 수도 있어요. 당신은 문신을 할지에 대해 선택권을 가지고 있고, 대답의 결과는 명백하답니다.

당신의 질문이 대답과 아주 잘 연결되지 않는다면 어떨까요? 예를 들어, 당신이 자신을 막 떠난 돈나에 대해 물어봤어요. "제게 돈나에 대해 어떤 명료함을 주세요." 그리고 23번, '동전' 카드를 뽑았어요. "데이트/사랑" 아래를 보면 당신에게로 흐르는 사랑에 대해 읽을 수 있어요. 이것은 무슨 뜻일까요? 더 읽어보면, 그것은 마음의 관대함에 대해 얘기해요. 즉, 아마도 당신은 약간 야비하고 소유욕이 강했을지도 몰라요. 그러니 오라클은 당신 자신과, 그녀가 왜 당신을 떠났는지에 대한 이유를 얘기했을 거예요.

오라클이 늘 정확한 좌표를 보여주는 것은 아니에요. 그러나 당신의 상황에 대해 적절하거나 진실인 것을 언제나 보여줄 거예요. 대답과 질문이 어울리지 않는다면, 당신의 질문으로 돌아가서 그 초점을 더 분명하게 해보세요. 가끔 카드 속의 대답은 명료하고 그것이 언어적으로 딱 맞을 수도 있어요. 그러나 대답은 다른 수준에서 건드릴 수도 있어요. 당신이 대답을 읽으며 내면에서 어떤 감정, 이미지, 갑작스런 이해나 명료함을 느낄 때 그 메시지를 무시하지 않도록 하세요. 그런 느낌들을 그저 밀쳐내기 쉽지만 말이에요. 오라클은 우리 모두가 내면에 가지고 있는 깊은 지혜에 접근시키려고 해요.

진실 또는 거짓?

점을 볼 때, 진실과 오해를 구분하는 것은 실제 삶에서만큼 쉽지는 않습니다. 만약 오라클이 당신에게 무엇을 하라고 얘기하거나 충고를 한다면, 당신은 그것을 꼭 받아들여야 하거나 그에 따라 행동해야 하는 것은 아닙니다. 오라클의 확실치 않은 어떤 조언에 대해서는 아래의 질문을 던져 보세요.

그것이 나와 다른 이에게 무해한가요?

그것은 내가 우주와 더 연결된 느낌을 느끼도록 하나요?

나의 현재 관점을 넘어서는 길을 제시하나요?

나중에 일어날 일로 실증될 수 있나요?

당신이 불분명하게 느낀다면, 오라클에게 사소한 질문이나 너무 큰 사항은 물어보지 마세요. 대신 적당히 중요한 것을 물어보세요. 당신이 받은 대답을 기록해 놓고 다음 주 이 시간까지는 그것을 잊어버리세요. 그동안 삶의 어느 곳에서 대답이 나타나기 시작하나요? 만약 나타나지 않는다면, 문장을 더 정확한 방식으로 바꾸어 질문을 다시 하세요.

오라클은 당신이 이미 알고 있는 것을 자주 얘기할 것입니다. 당신이 직관적으로 알고 있는 진실을 오라클이 실제로 확인시켜 줄 때, 사람들은 그것을 오라클이 작용하지 않은 것으로 여기거나 당신이 일어나도록 만든 암시로 봅니다. 그런데 그것은 이상한 일입니다. 시간이 갈수록 이런 일은 자주 일어납니다. 그것은 당신이 본능적으로는 이해했으나 받아들이지 못한 것을 오라클이 확인해주는 징조입니다. 당신은 아마도 좀 더 낫거나 그와는 다른 결과를 소망할지도 모릅니다. 당신은 그것들이 이전에 일어났던 방식으로 시작되지 않기를 원할 수도 있습니다. 하지만 당신 내면의 어느 곳에서 대답은 이미 일어나고 있습니다. 어떤 것들이 오라클에 대한 당신의 이해를 혼란스럽게 할 수도 있습니다. 예를 들어 분노, 두려움, 외로움, 불확실함과 자신감 부족이 오라클을 해석하는 방식을 모두 바꿀 수도 있습니다.

여러분의 몸과 마음이 계속 성장하고 변화해가는 상태에 놓여 있을 때, 늘 바른 곳에 위치해 있기란 쉽지 않습니다. 어느 날 여러분은 정말 기분 좋다고 느끼고, 또 다음날은 하루 종일 우울할 수도 있습니다. 십대가 되면 한순간에 모든 것이 어떻게 느껴지냐에 따라 사물을 훨씬 좋게 보거나 훨씬 나쁘게 볼 수 있습니다. 그래서 현실을 마구 혼동할 수도 있습니다. 기쁜 감정과 우울한 감정 사이에 어떤 여백이 있나요? 그 감정들이 멀리 가버리진 않습니다. 단지 그렇게 보일 뿐, 그들은 다시 돌아올 거예요. 당신은 오랜 시간 동안, 슬프거나 행복할 수도 있어요. 마치 그들이 결단코 더 나빠지거나 더 좋아지지 않을 것처럼……. 여러분은 갑자기 삶의 문제들을 다룰 수 있는 능력을 지닌 열여덟 살로 바뀌는 게 아니랍니다. 지금 올바른 위치를 잡고 자신의 태도를 침착하게 유지하는 것이 훨씬 중요하다는 뜻이죠. 결코 게을러지지 마세요. 그렇다고 모든 것에 대해 너무 많이 걱정하지도 마시구요.

비교 노트

비교는 도움이 되지 않습니다. 두 사람이 그들의 각자의 오라클을 비교할 때, 답을 더 잘 이해할 수 있는 것은 아니랍니다. 다른 두 사람은 각자 완전히 다른 경험을 합니다. 어느 것도 더 좋거나 나쁜 것은 없답니다.

마크와 하워드는 둘 다 시험을 어떻게 보게 될지에 대해 물었습니다. 그러나 둘은 오라클로부터 다른 대답을 들었습니다. 마크의 오라클(22번 카드, 벼랑)은 "당신이 든든한 기반이라고 생각한 것은 무너질 위험이 있습니다."라고 말합니다. 마크는 학교공부가 어렵다고 느끼고, 복습 교재를 구합니다. 이것은 좋은 아이디어였습니다. 그는 자신이 예상했던 것보다 더 높은 점수를 얻습니다. 하워드의 오라클(18번, 자동차)은 "당신 주변에 보이는 모든 풍경은 희망차고 전도유망하게 보입니다."라고 말합니다. 그러나 그는 실제로 오라클의 첫 번째 부분만을 취하고 두 번째 부분은 무시했습니다. 시험이 하워드에게 쉬워서 지난 기억에 의존하긴 했지만, 복습을 게을리 하였기 때문에 결과는 예상했던 것보다 좋지 않았습니다. 하워드가 오라클의 조언을 계속해서 읽었다면 "풍경에 너무 취해서 당신의 목적을 잊지 마세요"를 보았을 것입니다. 마크는 오라클이 자신에게 잘 맞는다고 생각했지만 하워드는 그렇지 않았습니다. 그 둘이 처음에 오라클을 비교했을 때, 하워드는 그의 이미 빛나는 학문적 성취에 고무되어 기뻐했습니다. 그러나 마크는 자신이 뽑은 대답을 좋아하지 않았습니다.

　　오라클을 해석할 때 다른 누군가의 방식이 아니라, 자신의 방식으로 스스로에게 맞게 적용해 보세요. 자신의 질문과 환경에 맞추어 대답을 연관시켜 보세요.

다른 이를 위한 점보기

점을 보는 이는 오라클 카드와 오라클을 보는 고객을 존중합니다. 여러분이 다른 이를 위해 오라클을 사용하여 점을 본다면, 신중하게 행동하고 그 과정을 중시하세요. 당신과 오라클이 곤경에 처하는 것을 막아주고, 다른 이들에게 가장 유용하게 사용될 수 있는 몇 가지 기본 사항을 알려 드립니다.

1 일대일로 보세요. 오라클을 사람들이 붐비는, 공개된 장소에서는 보지 마세요. 점은 계시되는 것입니다. 그것은 의식의 외부층들을 벗겨서 당신이 내면을 볼 수 있게 합니다. 그때 당신이 보는 것처럼 늘 읽히지는 않을 거예요. 당신이 믿는 친구들은 결과가 공개적으로 드러나는 것을 원하지 않을 거예요. 특히 모든 이들이 친구를 보고 비웃음으로 끝날 수 있는 군중 속에서 말이에요.

2 친구의 비밀을 꼭 지키세요. 누군가의 점을 봐 준 결과를 다른 이에게 얘기하지 마세요. 그들이 알 필요가 없는 일이랍니다.

3 균형을 잡으세요. 오라클을 이용해서 사람들을 놀라게 하거나 조종하려 하지 마세요. 그 대신 사람들에게 힘을 주고 도울 수 있는 길을 보여주려 하세요.

4 물어보는 사람들을 위해서만 오라클을 보세요. 당신에게 점을 봐 달라고 하지 않은 사람들에게는 읽어주지 마세요. 오라클은 사람들을 감시하는 도구가 아니랍니다.

5 거리를 유지하세요. 당신과 당신의 물건은 다른 이를 위해 알아낸 대답과 관계없이 지키세요. 또한 당신이 화가 났거나 조화가 깨져 있는 때에는 다른 이의 점을 봐주지 마세요.

6 경쾌하게 하세요. 삶의 균형이 어디에서 발견될 수 있는지 보여주면서 존경과 유머를 가지고 대답을 다루세요.

7 마지막으로 오라클을 읽으세요. 여기에 적힌 단어에 대해 생각하세요. 그리고 그들이 당신의 삶에 어떻게 연결될 수 있는지 결정하세요. 지금 당신은 카드의 진정한 의미를 접할 준비가 막 되었답니다.

5

삶의
거미줄과
오라클
카드

삶의 거미줄

오라클 카드 각 장은 우리들 모두가 짜고 있는 삶이라는 거미줄 위의 한 가닥입니다. 옆의 도표에서 볼 수 있듯이, 거미줄 바깥 원은 1번에서 8번까지의 카드를 포함합니다. 별은 그들 위에서 빛나며 각 카드에 빛을 보내고 있습니다. 그들은 우리 삶의 가장 핵심적인 어떤 요소들을 상징합니다.

거미줄의 중간 원은 9번에서 16번까지 카드를 포함합니다. 태양은 중심원 위를 비추며 우리에게 안내를 해 줍니다. 자주 혼란해지는 우리의 내면과 외부의 현상적인 것들을 어떻게 조종해야 하는지에 대해서 말이에요.

거미줄 안쪽의 원은 17번에서 24번까지 카드를 포함하고 있습니다. 달은 안쪽 원 위에서 비추고 있으며, 우리 존재의 중심에서 문제들과 감정을 어떻게 다루어야 할지를 보여줍니다.

25번 카드가 거미줄의 중앙에 있고, 이는 당신을 상징합니다. 별, 태양, 달 모두가 당신 위를 비추고 있지만, 지구를 어떻게 걸어갈지는 당신의 선택입니다.

오라클에 대한 열쇠

각 카드는 당신의 모든 다양한 질문에 대해 하나 이상의 예언을 해 줍니다. 당신의 질문이 이미지에 대한 것이라면 '스타일/이미지' 영역을 보세요. 질문이 사랑에 관한 것이라면 '데이트/사랑' 영역을 읽으세요. 그밖에 당신의 질문이 '친구', '가정생활' 또는 '교육/일'에 관한 것이어도 그래요. 덜 세분화된 주제에 대한 질문은 일반적 영역을 참조하세요. 이 각각의 오라클들은 당신의 질문에 초점을 두기 위한 네 가지 '핵심어'를 담고 있습니다. 질문에 가장 적절한 파트에서 이 네 가지를 읽으세요. 그런 다음 당신이 물어본 질문이나 여기 영역에서 다루지 않는 주제에 적용하세요.

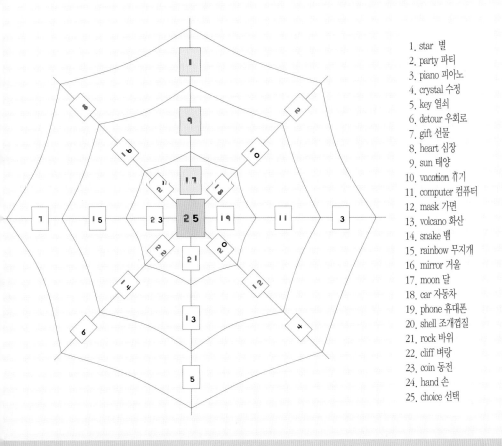

1. star 별
2. party 파티
3. piano 피아노
4. crystal 수정
5. key 열쇠
6. detour 우회로
7. gift 선물
8. heart 심장
9. sun 태양
10. vacation 휴가
11. computer 컴퓨터
12. mask 가면
13. volcano 화산
14. snake 뱀
15. rainbow 무지개
16. mirror 거울
17. moon 달
18. car 자동차
19. phone 휴대폰
20. shell 조개껍질
21. rock 바위
22. cliff 벼랑
23. coin 동전
24. hand 손
25. choice 선택

키워드는 이화 같습니다

마음가짐 당신이 물어본 질문에 답하는 일반적인 의견.
상황에 대한 정확한 이해를 돕기 위해 질문에 대해 당신이 대답할 내용을 포함합니다. 이것은 이 특정한 오라클에 관련된 일반적인 태도입니다.

해보세요 해야 하거나 준비할 것.
이것은 이 상황을 개선시키기 위해 당신이 할 수 있는 것을 보여줍니다. 당신이 착수할 수 있는 일을 제안하기도 합니다.

하지 마세요 주의하거나 경계해야 할 것.
이것은 상황에 도움이 안 되는 종류의 것들이나 당신이 피해야 할 생각의 종류를 보여줍니다.

목표로 하세요 당신이 상황을 지속시키거나 변화시키는 것을 도울 아이디어.
긴 안목에서 당신에게 도움이 되는 것을 보여줍니다. 이것은 '운명의 결과' 라기보다는 당신의 목표로 향한 '과녁' 에 가깝습니다.

헬프! 카드

25장의 오라클 카드와 별도로 25장의 헬프! 카드가 있습니다. 당신에게 갑작스런 도움이 필요할 때나, 위로의 말이 당신의 하루를 지탱시킬 것 같을 때 이 카드를 이용해 보세요. 오라클 카드 해석이 끝났는데, 그 진실을 받아들이기 너무 힘들어서 기분전환이 필요할 때도 이 카드를 한 장 뽑을 수 있답니다! 오라클의 결과는 명백할 테지만, 자신을 보살피는 것은 생존의 중요한 부분이랍니다. 어떤 일이 우울하거나 힘들게 느껴질 때, 헬프 카드를 이용하세요. 그 메시지가 당신에게 용기를 북돋워줄 겁니다. 또한 당신은 매일의 헬프 카드를 뽑을 수도 있답니다. 휴대폰 안에 메시지를 넣어서 어떤 영감이 필요할 때, 그것을 살짝 보이게 할 수도 있답니다.

오라클 카드 the oracle cards

여기 카드들의 기본적인 의미와 목록이 나와 있습니다.

1	star 별	희망, 소원, 기대, 잠재성, 재생, 시작, 그리고 끝
2	party 파티	축하, 즐김, 자발성, 명랑함, 장난
3	piano 피아노	조화, 창조성, 노래, 결합, 다재다능
4	crystal 수정	재능, 내면의 보물, 직관, 진실
5	key 열쇠	기회, 가능한 행로, 독립, 자유
6	detour 우회로	변화, 가속화되거나 제한된 진보, 장애, 실망
7	gift 선물	관대함, 의식, 상, 졸업, 선물
8	heart 심장	사랑, 연애, 감정, 친밀한 관계
9	sun 태양	성공, 성장, 진실, 드러남, 행동, 낮, 건강
10	vacation 휴가	휴양, 새로운 지평, 낯선 장소, 원기 회복
11	computer 컴퓨터	연결, 창조성, 지식, 정보
12	mask 가면	비밀, 은폐, 침울한, 정체성 위기, 거짓말
13	volcano 화산	격변, 충돌, 화, 열정, 제어 불능/가능, 흥분
14	snake 뱀	예기치 않은, 시험, 시도, 다시 시작해야만 하는
15	rainbow 무지개	보완, 화해, 치유, 평화, 고요
16	mirror 거울	이미지, 자신, 아름다움, 외모, 인상
17	moon 달	변화, 성장, 로맨스, 사랑, 진실
18	car 자동차	여행, 여정, 이동, 계획, 드라이브
19	phone 휴대폰	만남, 의사소통, 잡담, 헤어지거나 화해한 친구
20	shell 조개껍질	고립, 최근 생겨난, 부끄러움, 외로움, 상처
21	rock 바위	안전, 안정, 막힘, 지루함, 복원력, 부합
22	cliff 벼랑	극단적임, 위험, 경계 가까이, 불화, 나쁜 친구
23	coin 동전	돈, 자원, 풍부, 희소성, 소유
24	hand 손	도움, 우정, 지원, 조력, 친구와의 협력, 타인, 요청
25	choice 선택	자유의지, 결정, 조정, 의문, 개인적 동기, 스타일

여기 카드들에 대한 자세한 설명은 다음 페이지에

Ⅱ. star 별

이 카드는 당신 운명의 별을 보여줍니다. 그 신비한 빛과 감화력은 늘 당신 위에서 비추고 있습니다. 당신의 소망, 바람, 그리고 기대에 영향을 주면서…… 별빛은 당신의 정신을 드높이고 영감을 주면서 그것이 비추는 모든 것에 마법의 본질을 가져옵니다. 가끔 별은 매우 멀리 떨어져 있어서 도달하기 어려운 것을 약속하는 듯 보입니다. 그러나 당신의 소망과 바람에 믿음을 계속 가진다면 그것은 당신에게 가까워질 거예요. 별의 주된 작용은, 이 메시지를 따르면 다시 만나고 새로워질 수 있다는 것이랍니다.

일반적 마음가짐

당신은 자신이 누구이고, 무엇인지 그리고 앞으로 어떻게 될지를 잘 알고 있어요. 당신은 모든 사람과 상황 속에서 좋은 점을 찾습니다. 또한 사람들은 당신에게 아이디어를 기대합니다. 그들은 당신이 별에게 어떤 소원을 비는지 알고 싶어 합니다. 그러니 당신 곁의 사람들에게 자신이 미치는 영향에 대해 명확히 아세요. 삶에서 자신이 얻길 원하는 것이 무엇인지 스스로에게 물어보고 그것에 초점을 맞추세요.

해보세요 – 자신의 운명의 별에 대해 인식하세요. 특히 어떤 일의 시작에 있어서 별빛은 당신의 가장 깊은 소망으로 이르는 길을 비춘답니다.

하지 마세요 – 자신의 기대에 있어 비현실적이 되지 마세요. 모든 이가 당신의 꿈을 함께 할 수는 없답니다.

목표로 하세요 – 무엇보다도 당신 자신에게 진실하도록 하세요.

친구 마음가짐

당신의 자신감과 인기는 본인이 주변에 있어주기를 원하는 진정한 친구보다도 가끔은 자기 이익만 챙기는 이들을 끌어들입니다. 당신은 늘 우러름을 받길 즐기거나 집단의 유행을 선도하는 이가 되기를 원하지도 않습니다. 여기서 누가 당신의 진정한 친구일까요?

해보세요 – 당신이 속한 그룹에서 믿을만하고 덜 뻔뻔한 친구에게 관심을 가지세요. 그들은 당신을 진심으로 대하지 않는 이들에 비해 더 믿음직하게 당신을 도와줄 거예요.

하지 마세요 – 당신의 침착함을 시기하는 이들의 질투를 키우지 마세요.

목표로 하세요 – 자신이 정말 좋아하고, 함께 있으면 편안한 그룹에 속하세요

데이트 / 사랑 마음가짐

당신 몸의 분자들은 별들로부터 왔답니다. 그러니 그들이 자신처럼 빛나는 누군가를 발견했을 때 빛을 내는 것은 이상한 일도 아니죠. 당신들을 함께 이끄는 거부할 수 없는 매력은 무엇인가요? 이러한 끌림은 흔하지 않습니다. 그리고 당신이 기대하지 않았기에 더욱 소중합니다.

해보세요 – 이 꿈 같은 데이트가 지속되길 원한다면 조화의 감각을 기르세요.

하지 마세요 – 늘 자기 방식으로만 하려고 하지 마세요. 당신의 연인은 자신의 소원을 빌고 성취할 그/그녀만의 마법의 별이 있답니다.

목표로 하세요 – 유머를 가지고 자연스럽게 무언가를 함께 하도록 하세요. 함께 즐기세요.

스타일 / 이미지 마음가짐

당신의 스타성은 그 자리에서 유명합니다. 당신은 사람들 앞에 나설 때마다 그것을 큰소리로 얘기하고 다닙니다. 이러한 당신의 이미지에 대한 분명한 아이디어가 있기에, 당신은 자신이 어떤 효과를 원하는지 압니다. 유행을 타지 않는, 단아한 옷이 당신의 이미지에 어울리지만 당신의 몸에는 모든 종류의 스타일이 다 가능합니다. 어떤 스타의 스타일을 당신은 가장 따르고 싶나요?

해보세요 – 어떤 옷이 당신의 몸매와 얼굴색에 어울리는지 감각을 키워보세요.

하지 마세요 – 스타일을 그대로 따라하지 마세요. 올해의 색상이 무엇이든, 그것을 당신이 똑같이 할 필요는 없답니다.

목표로 하세요 – 당신 고유의 브랜드로서 자기 이미지에 대한, 믿을 만한 의견을 개발하고 키워나가 보세요.

가정 생활 마음가짐

당신의 높은 기준과 훌륭한 취향이 집에서 갈등을 일으킬 수 있답니다. 특히 당신이 디자이너의 옷이나 가장 좋아하는 밴드의 완결판 음반을 가져야 할 때 말입니다. 그들이 말은 하지 않는다 해도 여전히 모든 이들은 당신을 사랑하고 자랑스러워합니다. 오늘 당신은 누구를 비춰줄 수 있나요?

해보세요 – 좀 더 겸손해 보세요. 가족들 모두가 자신에 대해 아주 좋게 느끼는 건 아니랍니다.

하지 마세요 – 자기 과시를 하지 마세요. 당신 말고 당신의 공연을 즐길 사람은 아무도 없답니다.

목표로 하세요 – 당신의 광채의 일부를 가족들에게 비추어서 그들에게 감사를 표하세요. 당신을 지금 있는 자리에 있게 한 사람이 누군지를 잊지 마세요.

교육 / 일 마음가짐

당신은 훌륭한 만능인으로서 틈새시장을 개척해 왔습니다. 그러나 당신에게 기쁨과 즐거움을 주는, 한 특정한 분야에서만 빛을 발하는군요. 그것은 지금 당신을 어느곳으로 이끌고 있나요? 당신의 재능을 개발하면서, 다른 분야도 적극적으로 포섭해보려 하세요.

해보세요 – 이 순간 당신의 직관을 따라 내면의 잠재력을 키워보세요.

하지 마세요 – 당신에게 적합하지 않은 영역의 일이나 공부에 대해 자신만의 과도한 열의를 가지지 않도록 하세요. 다른 이에 의해 떠밀려서 하지 않도록 주의하시구요.

목표로 하세요 – 당신의 특별한 기술을 확장시킬 별도의 수업이나 교육 과정을 들어서 특별한 기술을 개발하도록 하세요.

2. party 파티

이 카드는 한창 진행 중인 파티를 보여줍니다. 그것이 시험의 끝이든, 누군가의 생일이든 간에 파티의 시간은 언제나 경축하고 즐기는 시간입니다. 파티는 모든 이가 어울리고 교제할 뿐 아니라 스트레스를 풀 기회도 줍니다. 때문에 파티는 가끔은 열광적이고 떠들썩하고 흥미진진할 수 있는 것입니다. 좋은 파티는 친구와 아는 사람들이 자연스럽게, 원만히 어우러져 모이는 것입니다. 우리가 파티에 간다는 것은 일상에서 벗어나는 일이기도 하니깐 경쟁심은 집에 두고 가세요.

일반적 마음가짐

지금은 당신 자신을 즐길 시간입니다. 심지어 당신이 밤을 세워 일하고 싶다 해도, 마음을 가다듬고 쉬세요. 당신은 너무 열심히 일해 왔으니 휴식이 필요해요. 지금 당장 당신은 무얼 축하해야 하나요? 언제나 놀아야 할 충분한 이유가 있어요. 그 이유가 주말이기 때문이든, 단지 좋은 날씨 때문이든 말이죠.

해보세요 – 당신의 잘 노는 감각을 살려서 파티 분위기에 참여해 보세요.

하지 마세요 – 부정적이 되지 마세요. 자기 연민에 빠지기에 좋은 시간이 아니랍니다.

목표로 하세요 – 당신이 할 수 있는 최상으로 즐거움을 누릴 수 있게 초대에 응하세요. 그리고 친구들도 그렇게 하도록 이끄세요.

친구 마음가짐

친구들은 큰 깜짝 이벤트를 준비하고 있습니다. 그런데, 당신은 거기에 포함되었나요? 당신을 제외한 모든 이들은 이 이벤트에서 자기 역할을 맡고 있는 듯 보입니다. 당신은 자신이 어디쯤 있는지 몰라 초조하고 버려진 듯 느끼는군요. 일이 어떻게 구체화 되는지 알게 될 때까지 판단을 유보하세요. 아마도 그들은 당신의 돈으로 재밌게 놀려 하나 봅니다. 그렇지 않다면 당신이 멋진 깜짝 이벤트의 주인공이 될 거에요.

해보세요 – 당신이 무도회에 갈 수 있는지 수호신에게 알아봐달라고 하세요.

하지 마세요 – 논쟁을 하지 마세요. 싸움을 끝내든 함께 댄스를 추든 그것은 당신에게 달려 있어요.

목표로 하세요 – 어떤 경우에도 쿨한 태도를 유지하세요.

데이트 / 사랑 마음가짐

새로운 누군가를 만나고, 당신의 삶에 재미난 시각과 느낌을 가져올 좋은 기회입니다. 이 사람은 재치와 자연스러움, 아니면 외모 때문에 사람들 사이에서 눈에 뜨입니다. 이 관계에서 어떤 분야의 경험을 함께 끌어낼 수 있을까요? 둘이서 최대한 모든 영역을 탐험해 보세요.

해보세요 – 둘만의 조용한 축하파티를 계획하여 해보세요.

하지 마세요 – 두 사람만 너무 주목되는 모임을 하지 마세요. 두 사람 다 아는 친구들과 모임에 함께 가세요.

목표로 하세요 – 각자의 친구들과 훌륭한 시간을 보내도록 하세요.

스타일 / 이미지 마음가짐

최고 상태의 외모를 앞세우고 나이트를 위해 외출할 시간입니다. 유명 디자이너의 셔츠를 다림질하고, 당신의 이미지를 강조하여 춤출 준비를 하세요. 도도하게 행동하든 최선을 다해 노력하든, 당신이 좋은 시간을 보낼 준비가 돼 있다는 것을 사람들에게 보여주세요. 오늘밤 당신의 기분은 어떻습니까? 당신이 느끼는 것을 당신은 보여주게 되니 파티 준비를 위해 준비를 하셔야지요.

해보세요 – 개성 있는 패션을 위해 편안하면서도 근사한 옷들을 매치시키는 능력을 발휘해 보세요.

하지 마세요 – 너무 정장풍으로 입는 것은 하지 마세요. 이것은 파티이지, 오스카 수상식이 아니랍니다.

목표로 하세요 – 저녁 파티를 위한 이미지를 꾸민 후에 우쭐대지 말고 편하게 가세요.

가정 생활 마음가짐

당신은 놀고 싶은데 집안의 모든 이들은 일하고 진지해지기를 원합니다. 당신은 뭔가 축하하고 놀려는 성격이 그들과 다르다는 것도 아닙니다. 지금 당신이 가장 하고 싶은 것은 무엇입니까? 당신은 최근에 분명히 열심히 일했습니다. 당신이 정말 휴식을 취할 만 하다면, 다른 이들도 마음 깊이 이해할 거예요. 그들이 항상 그걸 인정하진 않는다 해도 말이예요.

해보세요 – 사람들의 전화번호부를 찾아 전화하며 재밌게 노세요.

하지 마세요 – 당신이 외출하기 전에 집안일을 해놔서 그에 대한 말다툼이 일어나지 않게 하세요.

목표로 하세요 – 휴식을 취하고 싶은 자신의 바람에 대해 이성적이면서도 확고한 태도를 취하세요.

교육 / 일 마음가짐

당신은 즐거움과 자연스러운 감각으로 교실/일터를 밝게 하고 싶은가요? 당신이 일을 열심히 해야 하는 처지라면, 이것이 모든 이에게 잘 받아들여지진 않을 겁니다. 농담은 사람들에게 뭔가 낄낄거릴 만한 걸 제공합니다. 그 내용이 그들 자신에 관한 것이 아니라면 말이죠. 당신은 어떻게 업무에 즐거운 느낌을 가져올 겁니까? 모든 이들이 더욱 즐겁게 자신의 일을 곧 끝낼 수 있게 도와주세요.

해보세요 – 유머 감각과 사물을 보는 신선한 시각을 키우세요.

하지 마세요 – 너무 심하게 파티에서 노는 걸 하지 마세요. 당신은 아직 해야 할 일이 있답니다.

목표로 하세요 – 당신이 일하기 싫다 해도, 정말 하고 싶은 맘으로 일하도록 하세요.

3. piano 피아노

음악은 모든 세계가 이해하는 일반적인 언어입니다. 음악은 말이 필요 없이 사람들을 함께 연결해주고 우리의 삶에 리듬과 색채와 음조를 줍니다. 이 열쇠를 충분히 활용하는 방법은 당신이 자신만의 노래를 찾을 수 있도록 기다리는 것입니다. 음악이 화음과 조화로울 때, 그 가락은 훌륭한 반주의 도움을 받을 수 있답니다. 그것은 당신의 다재다능한 영역을 탐험하도록 도와줍니다. 연습을 하면 손가락이 유연해져서 기회가 오면 자신의 노래를 부를 수 있을 거예요.

일반적 마음가짐

자신의 영혼에 코드를 맞출 때, 삶의 모든 것이 편안하게 흘러갑니다. 당신이 다른 누군가의 음조에 장단을 맞추기 시작할 때, 당신은 노래를 바꾸고 불협화음을 만들기 시작합니다. 당신을 자신으로 되돌리는 노래는 어떤 것일까요?

해보세요 - 당신 자신에 대한 믿음을 가지세요. 일어나서 인사를 해 보세요.

하지 마세요 - 자신의 목적으로부터 우회하도록 하는 산만함을 하지 마세요.

목표로 하세요 - 당신을 감동시키는 음악을 찾아보세요.

친구 마음가짐

자신이 부르고 있는 노래를 주의깊게 들어보세요. 그것이 다른 모든 이들에게 자신이 주고 있는 인상이기 때문이에요. 당신의 분위기가 얼마나 좋은 느낌을 주고 있나요? 당신 스스로가 얼마나 좋은 친구였는지 점검해볼 시간인 것 같네요. 친구들 중 일부가 당신을 왕따로 보기 시작하고 있으니까요.

해보세요 - 멜로디가 변화하고 있으니 당신의 귀를 잘 기울여 보세요.

하지 마세요 - 관심의 중심에 있으려는 유혹을 피하세요. 그룹이 만드는 음악이 훨씬 좋은 경우가 많답니다.

목표로 하세요 - 당신 친구들에게 보조를 맞추도록 노력하세요.

데이트 / 사랑 마음가짐

당신에게는 음악을 함께 만들어가는 재능이 있습니다. 그러나 당신들이 부르는 것은 같은 노래여야 한다는 점을 명심하세요. 두 사람이 연합하여 자연스러운 공감대를 발견합니다. 당신이 그 관계에서 제공하는 것은 무엇인가요? 둘이 함께 나누는 것이 조화롭게 신성한 화음을 창조합니다. 둘이 서로 사랑하는 화음을 말이죠.

해보세요 - 데이트 분위기에 대한 감수성을 기르세요.

하지 마세요 - "나만, 나를, 나에게"라는 당신의 일방적인 음조가 되지 않도록 하세요.

목표로 하세요 - 당신의 완전함을 손상시키지 않고, 자신이 할 수 있는 한 조화롭게 되어 보세요.

스타일 / 이미지 마음가짐

주변의 모든 이들은 일정한 패션 스타일을 따르는 듯 보입니다. 그러나 당신이 군중을 따를 필요가 있나요? 당신은 자신의 음조를 노래하길 동경하여 독특한 노래를 부르고 있어요. 그러니 그것을 들어봐요. 당신이 누구인지 알려주는 어떤 대담한 것을 입어요.

해보세요 - 당신 자신의 독특한 스타일을 해 보세요. 다른 이들이 어떻게 생각하는 지에 내내 누려봐 말아요.

하지 마세요 - 당신을 눈에 안 띄게 하는 연한 색깔은 피하세요. 밝고 선동적인 무언가로 기본 방침을 정하세요.

목표로 하세요 - 자기 고유의 음조를 골라내서 조화롭게 즉석에서 연출하세요.

가정 생활 마음가짐

집안 전체에 어떤 활기차고 또렷한 소리가 들려옵니다. 모든 이들이 좋은 기분입니다. 그들 각자가 자신의 것에 행복하게 종사하고 있기 때문이죠. 지금은 당신이 비밀로 지켜왔던 무언가를 얘기할 좋은 시간입니다. 무엇 또는 누구 때문에 털어놓는 것을 걱정하나요? 당신이 생각하는 것보다는 더 좋게 받아들여질 겁니다.

해보세요 - 집 주변을 새로운 가락으로 채우세요. 낡은 음조는 닳아서 엷어지고 있어요.

하지 마세요 - 생각을 혼자서만 지니고 있지 마세요.

목표로 하세요 - 가족을 대할 때 좀 더 유연해지도록 하세요.

교육 / 일 마음가짐

당신에게는 재능과 소질이 있습니다. 그러나 너무 만족하지는 마세요. 당신은 아직 대중을 위한 공연을 하거나 기술을 시험하기엔 준비가 안 돼 있으니 연습을 계속 하세요. 당신은 하루에 얼마만큼 연습을 할 수 있나요? 정말로 당신의 모든 것을 투입할 수 있을 때, 그 결과를 즐기세요.

해보세요 - 당신의 일에 지혜와 깊은 흥미를 갖고 하세요.

하지 마세요 - 임기응변으로 처리하지 마세요. 결과는 정말 안 좋게 될 거예요.

목표로 하세요 - 잘 준비된 전략을 가지고 절정을 목표로 하세요.

4. crystal 수정

수정은 당신에게 있는 가장 심층의 재능을 상징합니다. 당신이 이것에 충실할 때 자신의 영혼에 진실한 것입니다. 수정의 여러 면들은 당신의 맘대로 쓸 수 있는 다양한 자원들을 이용하는 방법을 반영합니다. 당신이 이 카드를 뽑았다면, 진실이 무엇보다 가장 중요하다는 사실을 기억하세요. 당신의 직관의 소리를 들으면, 좋은 일이 있을 거예요.

일반적 마음가짐

당신은 빛나고 눈부신 수정입니다. 그러나 최근 당신은 이 사실을 잊고 있을 거예요. 당신은 삶에 값진 것을 기여했답니다. 자신을 숨기기 전에 이것을 기억할 필요가 있어요. 당신은 이 삶에 무엇을 가지고 왔나요?

해보세요 – 당신이 지닌 재능에 대해 그것을 어떻게 쓰길 원하는지 명상해 보세요.

하지 마세요 – 최고의 것이 당신에게 너무 과하다고 생각하지 마세요. 당신은 그럴 만한 가치가 있답니다.

목표로 하세요 – 이번 주에 좀 더 빛을 발해서 자신을 비롯하여 몇몇 사람들을 행복하게 해 주세요.

친구 마음가짐

친구들은 당신의 고유한 가치의 반영이므로 그들에게 있는 최고의 것을 찾을 필요가 있어요. 자신의 친구들을 동료가 아니라 열등한 사람으로 취급하면 당신은 자신을 열등하게 보는 것밖에 안 돼요. 어떻게 하면 당신이 이 관계에 존경심을 다시 불러올 수 있을까요?

해보세요 – 친구들이 당신에게 하고자 했던 모든 것에 대해 감사한 마음을 가지세요.

하지 마세요 – 배은망덕하고 무례해지지 마세요. 친구들은 가끔 당신을 짜증나게 할지도 몰라요. 하지만 그들은 당신 삶의 가장 중요한 부분이랍니다.

목표로 하세요 – 당신이 다루는 모든 것에 있어 공정하고 공평해지세요.

데이트 / 사랑 마음가짐

이 관계에서 당신은 자신 고유의 가치 체계를 유지하는 것이 필요합니다. 이 상대는 자신의 욕망과 요구가 당신의 것을 잠식할 만큼 카리스마가 매우 강한 성격입니다. 이것은 당신의 의지가 작용하지 않는다는 것이 아니라, 당신이 무엇을 하고 무엇을 안할지에 대해 확고하게 주장할 필요가 있다는 것입니다. 무엇이 당신을 불안하게 만드나요?

해보세요 - 주의력을 키우세요.

하지 마세요 - 사악한 파트너로 인해 자기 자신을 배반하지 않도록 하세요.

목표로 하세요 - 당신의 깊은 자아와 당신의 사랑에게도 진실하도록 하세요.

스타일 / 이미지 마음가짐

당신이 본능적으로 타고난 훌륭한 취향을 강화할 때입니다. 새 옷을 몇 벌 사러 가세요. 원래 가던 곳도 모두 확인해보고, 새로운 곳도 찾아다녀 보세요. 당신이 전혀 예상하지 못한 곳에서 얼마나 대단한 보물을 발견하게 될지 모른답니다. 당신은 무엇에서 생기를 얻나요?

해보세요 - 물건을 사기 전에 무엇이 마음을 끄는지 보고, 아이 쇼핑으로 직관을 기르세요.

하지 마세요 - 즉석에서 결정하지 마세요.

목표로 하세요 - 시간을 들여서 이벤트에 맞게 자신의 이미지를 꾸미세요.

가정 생활 마음가짐

그래요. 당신은 특별한 사람이에요. 그러나 집안의 모든 이에게 당신은 단지 "잡음 제조기" 또는 "올해의 화장실 상"일 뿐이에요. 한 명의 사람에게가 아니라 가족들의 골칫거리로 취급당한다는 건 힘든 일입니다. 그렇다고 해서 당신을 해치려고 하는 사람이 있다는 건 아니에요. 당신의 개성은 매우 독특해서 충분히 자신을 유명하게 만들 수 있습니다. 당신은 어떻게 자신을 알리고 싶은가요?

해보세요 - 가족 구성원 모두, 한 명 한 명에게 인내하도록 하세요.

하지 마세요 - 당신을 바라보는 오래되고 잘못된 가족들의 방식을 북돋우지 마세요.

목표로 하세요 - 당신의 깊은 자아를 표현하는 좀 더 성숙한 태도를 기르세요.

교육 / 일 마음가짐

당신은 판에 박힌 일상의 지루함에 빛나는 활기를 주는 존재로 알려져 있어요. 이것은 자신의 깊은 자질에 대한 훌륭한 이해가 있고, 그 깊이에서 이끌어낸 자질이 선(善)에 집중되어 있기 때문입니다. 이로 인해 당신은 지략이 풍부한 사람이 되고, 풍요를 수확하기가 쉽습니다. 무엇이 당신의 희망을 밝게 지켜주나요?

해보세요 - 세부사항을 보는 눈을 키우세요.

하지 마세요 - 급우나 동료 중에 질투를 일으키거나 당신의 재능을 무시하는 이가 없도록 하세요.

목표로 하세요 - 최근의 업무를 완벽하게 마무리 짓고, 자신이 했다는 표시를 남기세요.

5. ke내 열쇠

당신 앞에는 모든 기회들이 놓여 있습니다. 이 기회는 문을 여는 열쇠가 제공하는 것입니다. 열쇠는 당신이 이전에는 보지 못했던 현재의 어려움을 헤쳐가는 길을 알려줍니다. 그것은 당신이 꿈꾸었으나, 당신의 것이 될 수 있다고 생각지 않았던 곳을 향한 문을 엽니다. 그 열쇠는 당신을 독립과 자유로 이끌지만, 그것을 가지기 위해서는 성숙함 또한 이해해야 합니다. 열쇠를 책임감 있게 사용하세요. 그것은 모든 이에게 허용되거나 개방된 것이 아닌 물건을 지켜야 하기 때문입니다.

일반적 마음가짐

엄청난 기회가 당신을 향해 열려 있습니다. 그러니 중요한 사건에 집중하도록 하세요. 그렇지 않으면 이번 기회를 잃게 될 겁니다. 당신은 아마도 지금 있는 자리에서 이전보다 행복하다고 느낄 겁니다. 그러나 실제로 당신은 미지의 것에 대한 두려움을 느끼고 있어요. 이 기회는 당신의 꿈을 이루도록 어떻게 도움을 줄까요? 더 넓은 자유가 주어질 것이니, 그것을 잡으세요.

해보세요 - 당신자신에 대해 믿음을 가지고 낙관적인 태도를 지니세요.

하지 마세요 - 가능하지 않은 것에 집중하지 마세요.

목표로 하세요 - 이 기회를 잡아서 당신의 현재 상황을 향상시키도록 하세요.

친구 마음가짐

당신이 양손에 자유와 기회를 잡고 돌진하는 가운데, 여전히 기회를 잡기 위해 기다리고 있는 친구들과 속도를 맞추는 것을 잊지 마세요. 어느 누구도 당신의 행운에 분노하지 않지만, 그들은 약간 뒤처지는 느낌을 받지 않을 수 없습니다. 당신은 어떻게 그들을 포용하거나 함께 도울 수 있을까요?

해보세요 - 자비와 친절함을 나누세요.

하지 마세요 - 친구들과 담쌓지 마세요.

목표로 하세요 - 당신이 일로 바빠지기 전에, 이번 주에 친구들과 만나도록 하세요.

데이트 / 사랑 마음가짐

이 얼마나 훌륭한 연인입니까! 이 사람에게 장래성이 있다는 걸 당신은 압니다. 그/그녀는 당신 마음의 문을 열고 있고, 완벽하게 새로운 세상을 당신에게 보여주고 있어요. 설사 이것이 계속되지 않는다 해도, 당신은 서로가 함께 나누고 함께 본 것들에 대해 언제나 감사할 거예요. 당신이 사랑에 빠지는 열쇠는 무엇인가요?

해보세요 - 사랑에 대한 당신의 믿음과 열정을 키우세요.

하지 마세요 - 사랑과 애정을 거부하지 마세요. 변화를 두려워 마세요.

목표로 하세요 - 기회가 계속될 때, 자신의 꿈을 공유하도록 하세요.

스타일 / 이미지 마음가짐

당신은 갑자기 닫혀 있던 문을 열었습니다. 그리고 자신이 원하는 무엇이든 될 수 있고, 자신이 선택할 수 있는 스타일은 무한하다는 것을 알았습니다. 자신이 되기를 선택한 것이 무엇이든 당신은 언제나 자유롭답니다. 당신의 기분에 맞는 핵심 이미지는 무엇인가요?

해보세요 - 당신의 스타일을 자유롭게 해보세요.

하지 마세요 - 싸 보이거나 지저분하게 보이는 것은 하지 마세요.

목표로 하세요 - 산뜻하고 참신해 보이는 스타일을 추구하세요.

가정 생활 마음가짐

당신이 갈망해왔던 독립을 일부 주장할 때입니다. 부모님이나 보호자에게 지금 당신이 얼마나 성숙했는지 고려해달라고 진지하게 부탁하세요. 그리고 요청해 보세요. 당신이 이 일에서 정말 어른이라는 것을 보여줄 수 있는 최선의 것은 무엇인가요?

해보세요 - 성숙함과 믿음직함을 키우세요.

하지 마세요 - 가족의 믿음을 깨뜨려서 자신의 자유를 구속당하도록 하지 마세요.

목표로 하세요 - 당신이 동의한 사항과 약속을 지키도록 하세요. 가족들이 당신에게 요구하는 것 이상으로 하려고 해 보세요.

교육 / 일 마음가짐

당신은 이것을 위해 열심히 일했습니다. 그리고 마침내 일이 일어나기 시작했습니다. 열쇠가 자물쇠를 돌리고 있습니다. 당신의 노력을 인정받아서 그에 따른 보상이나 장려금이 주어질 것입니다. 지금 자신의 삶에서 어디를 가고 싶은가요?

해보세요 - 성공하고자 하는 결심을 강화하세요.

하지 마세요 - 놀고 싶은 유혹을 이겨내세요.

목표로 하세요 - 다가오는 기회들을 잘 받아들이세요.

b. detour 우회로

당신이 우회로 표지판을 만났을 때의 첫반응은 긴 한 숨일 겁니다. 이것이 당신의 앞길에 변화를 의미한다 해도, 목적지에 도달하지 못한다는 얘기는 아닙니다. 가끔 지름길은 당신의 진보를 빠르게 해 주지만, 목 적지에 도달하기 위해 당신은 먼 길을 돌아가야 할 수 도 있습니다. 장애와 실망이 의미하는 바는 자신의 재 능을 더 깊이 파고 들어야 한다는 것입니다.

일반적 마음가짐

당신의 예상은 계획대로 따라가지는 않을 겁니다. 무슨 일인가 갑자기 일어나서 모든 것이 바뀝니다. 모든 것에 대해 다시 세밀하게 계획을 세우는 것이 싫다고 해도, 게으름을 피우거나 포기하지 마세요. 당신이 그들을 찾고자 한다면, 또 다른 길이 있습니 다. 당신은 원래의 계획을 얼마나 성취하고 싶은가 요? 정말 생각해보세요!

해보세요 — 당신의 재능을 발휘하세요.

하지 마세요 — 침체되지 마세요.

목표로 하세요 — 우회로 표지판 주변에서 길을 발견 하세요. 계속 나아가세요.

친구 마음가짐

어떤 커다란 장벽이 당신과 가까운 친구 사이에 나 타나기 시작했습니다. 이것은 이 길의 이별을 암시 하기도 합니다. 아마도 당신의 친구는 늘 곁에 있었 던 당신 없이 어떤 일을 하려고 할 겁니다. 어떻게 하면 당신은 친구에게 최상의 지원을 해 줄 수 있을 까요?

해보세요 — 분별력을 키우세요. 격려하고 기꺼이 양 보하세요.

하지 마세요 — 추측과 쓸모없는 비난을 하지 마세요.

목표로 하세요 — 아직도 그/그녀를 위해 당신이 거 기 있다는 걸 친구가 알게 해 주세요.

데이트 / 사랑 마음가짐

당신은 기다리고 기다렸지만 그/그녀는 전화를 하거나 나타나지 않았습니다. 당신이 계획했던 것은 엉망이 되고 당신은 분노할 수밖에 없습니다. 그러나 사고는 일어나게 마련이니 당신이 완전히 우울에 빠지기 전에 상황을 점검하세요. 당신은 늘 의존적이었나요?

해보세요 - 인내를 기르고 말을 들어보세요.

하지 마세요 - 비난하지 마세요. 무슨 일이 일어났는지 그/그녀에게 설명을 들으세요.

목표로 하세요 - 화해하되 이전의 낡은 일을 꺼내어 보복하지 마세요.

스타일 / 이미지 마음가짐

그 패션은 잡지에서는 멋있어 보이지만, 당신에게는 어울리지 않는답니다. 아마도 그것은 당신이 정말 원하는 효과가 아닐 거예요. 복고적인 패션이 당신에게 어울리지 않는다면, 그대신 당신은 패션 게임의 선두에 있을 수 있을 거예요. 당신은 다음 시즌의 스타일을 어떻게 디자인할 건가요?

해보세요 - 당신의 시대 감각과 적절한 것을 고르는 센스를 발휘해보세요.

하지 마세요 - 불량한 로드무비에 어울리는 옷은 피하세요.

목표로 하세요 - 도시적인 스트릿 룩 이미지에 맞추세요.

가정 생활 마음가짐

집에서는 오직 실망뿐입니다. 큰 수익이 될 뻔한 일이나 기대했던 이벤트가 의외의 상황으로 인해 일어나지 않을 거예요. 그 일은 생기지 않을 거라서 당신은 또다른 기회를 기다려야만 할 거예요. 그 대신 당신은 무엇을 기대할 수 있나요?

해보세요 - 포기하세요. 그것이 그러함을 받아들이세요. 무언가 다른 것에 집중하세요. 스스로를 바쁘게 만드세요.

하지 마세요 - 상황을 바꿀 수 없거나 다시 되돌릴 수 없는 것 때문에 그 사람을 비난하지 마세요.

목표로 하세요 - 가까운 장래를 위한 새로운 한 건을 계획해 보세요.

교육 / 일 마음가짐

당신의 진로는 막 꼬이기 시작했어요. 지금 당신은 앞으로 가기보다는 뒤로 가고 있다는 느낌을 받아요. 이것은 낡은 영역처럼 느껴지겠지만 포기하지 마세요. 그 길은 여전히 당신이 가고자 하는 곳으로 이끌고 있답니다. 당신이 처음 이 길을 갔을 때 무엇을 배웠나요?

해보세요 - 처음에 이 길로 당신을 데리고 온 존재에 대해 감사하세요.

하지 마세요 - 본래 궤도로 되돌아가기 위해 더 쉬운 지름길을 택하지는 마세요.

목표로 하세요 - 한 번에 한 걸음씩 전진하도록 하세요.

7. gift 선물

이 카드를 뽑았다면, 당신은 어떤 상이나 선물을 받을 것입니다. 그것은 깜짝 선물이거나 당신이 이룬 어떤 성공의 결과입니다. 그 선물은 친구나 연인의 넉넉한 마음에서 온 것일 수도 있어요. 또는 당신을 어떤 이유로 기리고 싶어하는, 공동체에서 주는 감사의 표창장일 수도 있고요. 또한 당신의 힘든 작업에 대한 학위나 수료증을 의미할 수도 있습니다. 어쨌거나 당신이 원하는 선물은 거의가 그것을 기대하지 않을 때 온답니다.

일반적 마음가짐

사람들은 당신의 관대한 성격과 용기 있는 태도에 대해 감사해하고 있습니다. 당신은 곤란한 상황을 헤쳐 가는데 전문이기 때문에 기대를 많이 하지는 않았더라도 머지않아 보상을 받을 수 있을 겁니다. 아주 헌신적이었던 누군가에게 당신은 놀라울 정도로 겸손하게 대해 왔습니다. 당신이 가장 받고 싶은 것은 무엇인가요?

해보세요 – 자신의 가치에 대해 스스로 인식해 보세요.

하지 마세요 – 당연하게 여겨지지 않도록 하세요.

목표로 하세요 – 당신이 믿고 있는 것을 위해 싸우도록 하세요.

친구 마음가짐

당신이 진정 원하는 것은 무엇인가요? 친구들은 당신에게 많은 시간과 관심을 기울여 왔으나 당신에게는 충분해 보이지 않는군요. 당신은 게임하는 것을 거절해서 모임에서 빠지려 하는군요. 그렇게 계속 혼자서만 행동하면, 그들이 어떻게 생각할 것 같은가요?

해보세요 – 이번 주에 친구를 위해 자연스럽게 시간을 내어 보세요.

하지 마세요 – 자신의 친구들보다 잘 났다는 느낌을 가지지 마세요.

목표로 하세요 – 언제나 정말로 좋은 시간을 보내려해 보세요. 웃어 보세요.

데이트 / 사랑 마음가짐

그녀/그는 정말 멋집니다! 당신은 자신이 그녀/그를 만날 자격이 있는지 알 수가 없습니다. 그러나 지금은 그것을 물을 시간이 아닙니다. 기뻐하고 감사하세요! 당신이 그런 연인을 가질 수 있다는 것이 얼마나 행운인가요?

해보세요 - 서로의 가슴속을 궁금해하고 탐험하려는 마음을 길러보세요.

하지 마세요 - 그녀/그의 이전 관계에 대해 질문하지 마세요. 서로 너무 많은 시간을 함께 보내지 마세요. 좋은 것도 너무 과하면 나빠질 수 있답니다.

목표로 하세요 - 멋진 선물을 함께 나눠보세요.

스타일 / 이미지 마음가짐

당신은 줄 것을 많이 가지고 있습니다. 그러나 당신이 다른 이들과 공간을 함께 쓸 때, 자기자신과 스스로의 이미지에 너무 관대한 것은 실례일 수 있답니다. 당신은 어떤 종류의 메시지를 보내고 싶은가요? 티셔츠 앞에는 공손한 멘트를 써 주세요.

해보세요 - 잘 먹고 운동을 해서 불그레해진 피부를 깨끗하게 씻어주세요.

하지 마세요 - 포장지를 찢지 않도록 하세요. 당신이 받은 선물은 생각보다 민감할 수 있어요.

목표로 하세요 - 당신이 어디를 가든 신뢰감이라는 이미지를 주도록 하세요.

가정 생활 마음가짐

가족 중 누군가는 당신이 정말로 성공하기를 바라네요. 그리고 당신이 받을 만한 모든 좋은 것을 받기를 바라는군요. 아마도 그 선물은 당신이 꼭 받고 싶었던 것이 아닐지도 몰라요. 하지만 그것은 사랑하는 마음에서 나온 것이니 그들의 관대한 마음에 감사해하는 모습을 보여주세요. 어떻게 해야 그런 마음을 가장 잘 보여줄 수 있을까요?

해보세요 - 선의의 거짓말을 조금 해 보세요. 당신이 지금까지 받아온 선물 중에 그게 가장 멋진 선물인 듯이 행동해 보세요.

하지 마세요 - 은혜를 모르는 행동을 하지 마세요.

목표로 하세요 - 선물로 받은 물건을 이번 주에 사용하거나 입으세요.

교육 / 일 마음가짐

모든 이가 당신이 성취한 것을 자랑스러워 합니다. 이제 졸업이나 승진이 당신을 기다리고 있습니다. 지금 있는 곳에 이르기까지 많은 희생이 있었습니다. 그 기쁨이 잊혀지기 전에 스스로 기뻐하고 즐길 때입니다. 당신이 정말로 축하하고 싶은 것은 무엇인가요? 그건 아마 일과 관련된 것은 아닐 거예요.

해보세요 - 힘든 일과 공부에서 벗어나 휴식을 하고, 파티를 하세요.

하지 마세요 - 금세 일 속으로 다시 빠져들지 마세요.

목표로 하세요 - 이번 축하연이 끝나면 일터에 조용히 돌아가도록 하세요.

8. heart 심장

심장은 소란스러운 기관일 수도 있습니다. 그러나 그것은 우리 몸에 피를 순환시키는 기관입니다. 당신에게는 심장박동이 필요하듯이 사랑이 필요합니다. 사랑과 연애는 당신의 세계를 돌아가게 합니다. 우리 모두가 연애 관계의 가능성에 대해서 열정적입니다. 사랑이 언제 일어날지, 그것을 누구와 하게 될지, 그리고 사랑이란 정말 무언지에 대해 말이죠.

일반적 마음가짐

연애 상대가 바뀔 때, 당신을 떠나는 사람은 사랑이 아니라는 걸 기억하세요. 당신의 삶에 사랑을 가져오는 사람만이 사랑이란 걸 기억하세요. 당신의 심장이 지금은 상처받기 쉽게 느껴지나요? 그렇다면 사랑에 대한 당신의 포용력은 자신이 느끼는 고통의 양에 비례한다는 걸 알 필요가 있습니다. 그리고 다른 누군가도 머지않아 이것을 알 거예요. 새로운 사랑이 곧 그 아픔을 가져가 버릴 거예요. 사랑이 당신에게 무엇을 주었나요?

해보세요 – 당신 자신을 부드럽게 대하세요.

하지 마세요 – 성급한 결정은 하지 마세요..

목표로 하세요 – 새로운 연인을 위해 현재 상황을 넘어서서 보려고 해 보세요.

친구 마음가짐

당신은 이상적인 상대와 안정적인 관계를 맺고 있습니다. 그리고 그 사람을 매일 매순간 보고 싶어합니다. 그러나 그렇게 하는 것이 언제나 좋은 생각은 아니랍니다. 당신의 친구를 그냥 내버려 두지 마세요. 당신이 최근 하고 있는 사랑은 놀라운 것일지도 모르지만, 그것이 반드시 지속되는 것은 아니랍니다. 친구는 영원한 계약 그 이상이구요.

해보세요 – 적어도 한 친구에게 전화해서 당신이 아직도 관심을 가지고 있다는 걸 보여주기 위해 함께 할 수 있는 활동을 약속해 보세요.

하지 마세요 – 배타적인 관계에 너무 싸여 있지 마세요.

목표로 하세요 – 당신의 연인만이 아니라 친구도 함께 할 수 있게 관계를 터놓아 보세요.

데이트 / 사랑 마음가짐

당신은 사랑이 당신에게 오고 있는지, 아니면 당신이 그럴 준비가 아직 안 돼 있는지 의아하게 생각할 거예요. 그러나 이 작은 위기 상황들과 유명인처럼 돼야 한다는 당신의 강박증은 다음에 올 것에 대한 연습이에요. 그것은 당신의 이상적인 세계 안에서 당신이 상상했던 것과는 다른, 하나의 시작일 뿐이에요. 사랑은 정말로 어떻게 느껴지는 걸까요?

해보세요. - 당신의 전생애를 통해 행복이 빛나도록 하세요.

하지 마세요. - 그/그녀가 어떻게 생각할지에 대해 걱정하지 마세요.

목표로 하세요. - 상황이 자연스러운 속도로 발전하도록 하세요.

스타일 / 이미지 마음가짐

당신은 이상적인 연인을 매혹시키고 싶을 수도 있고, 이미 있는 연인을 기쁘게 하고 싶을 수도 있습니다. 이것은 24시간 작업이 되어 당신을 지치게 할 수도 있습니다. 당신의 개성을 확실히 하기 위해 어떤 이미지를 만들 수 있을까요?

해보세요. - 그/그녀와 당신을 일정 궤도에 오르게 만들 스타일을 충분히 점검하세요

하지 마세요. - 그/그녀의 변덕에 매번 노예가 되지 마세요.

목표로 하세요. - 당신의 연인만큼 자기자신을 기쁘게 해주세요.

가정 생활 마음가짐

당신은 그/그녀가 최고라고 생각할지도 모릅니다. 그러나 집안의 모든 이들은 다른 시각을 가지고 있습니다. 지금 당신은 빗속의 갈대처럼, 집안의 반대에도 사랑을 더욱 꽃피울 위험마저 각오하고 있습니다. 물론 진실한 사랑은 소나기를 마다하지 않지요. 하지만 당신의 관계가 장미가 될 지, 민들레가 될 지의 여부는 어느 정도 그를 공개하지 않는 것에 달려 있습니다. 그/그녀를 집으로 데려가는 것이 좋은 아이디어인가요?

해보세요. - 당신의 연인이 가족과 잘 어울릴 수 있을 지에 대해 판단해 보세요.

하지 마세요. - 그/그녀에 관해서 부모님과 다투지 마세요. 그것은 전혀 도움이 안 됩니다.

목표로 하세요. - 연인 서로 간에 허용이 되는 지역을 마련하세요.

교육 / 일 마음가짐

당신은 학교, 대학, 또는 일터의 누군가로 인해 어려움에 빠졌군요. 그녀/그는 당신을 주목하고 있나요? 그것은 당신이 어떻게 처신하느냐에 달려 있습니다. 나이, 계급 또는 직종이 당신들을 가르나요? 그렇다면 해결책을 찾기 위해 방과 후/퇴근 후 기회를 이용할 필요가 있겠네요.

해보세요. - 언제나 차분하게 지내고, 주의 깊게 계획하세요.

하지 마세요. - 이 상황이 당신의 일에 영향을 미치지 않도록 하세요.

목표로 하세요. - 당신의 열정을 조금은 드러내어 당신이 어떤 영향력을 가지는지 알아 보세요.

9. sun 태양

태양이 비칠 때, 동식물이 자라고 번성합니다. 그 밝은 빛이 진실을 드러냅니다. 당신은 태양이 비치는 동안 건강함과 활동성을 느낄 수 있습니다. 성공할 수 있다고 느껴지고 삶의 가능성이 당신의 손에 있다고 느껴집니다. 지금은 작년보다 좋은 기회로 성숙해가는 사랑의 여름입니다.

일반적 마음가짐

당신은 삶을 충만하게 살아가고 당신에게 필요한 것을 삶이 줄 거라고 생각합니다. 당신의 삶의 욕구가 성공을 이룰 수 있도록 하지만, 성공이 모든 것이라고 스스로를 눈멀게 하지는 마세요. 당신은 열정적으로 활동하고 있고 자신의 건강을 보살필 필요가 있답니다. 당신은 얼마나 피곤한가요?

해보세요 – 개인적 성장과 발전을 위한 약간의 시간을 보내고, 대부분은 그냥 조용히 있어요.

하지 마세요 – 모든 사람에게, 그 모든 것이 되려고 하지 마세요.

목표로 하세요 – 생활의 평범한 것들을 좀 즐겨보세요. 삶에서 최고로 좋은 것은 자유로운 것이랍니다.

친구 마음가짐

당신은 강렬하고 화려한 사람들에게 끌립니다. 하지만 그들이 늘 진실한가요? 가끔 그들이 당신에게 미치는 영향력은 바람직하지 않습니다. 그들은 당신의 인정이라는 만족감의 불을 쬐고 있습니다. 그러나 당신은 이용당하고 조정당하고 있다고 느끼나요?

해보세요 – 당신 고유의 독특한 개성의 감각을 발휘해 보세요.

하지 마세요 – 카리스마가 있지만 당신을 도와주지 않는 사람의 영향권으로 끌려가지 마세요.

목표로 하세요 – 당신을 지지하고 용기를 북돋워주는 친구를 만나세요.

데이트 / 사랑 마음가짐

당신의 연인은 당신이라는 우주의 중심입니다. 당신은 그녀/그 없는 삶을 상상할 수도 없습니다. 서로 간의 사랑은 각자에게 살아갈 이유를 주어 왔습니다. 그러나 어느 정도 자기존중을 해야 할 시간입니다. 보이는 면 아래에 자신을 찬양해달라고 끊임없이 요구하는 커다란 에고가 있습니다. 당신은 그/그녀의 결점을 어떻게 떠받쳐줄 건가요?

해보세요 - 당신의 관계에 어떤 빛을 비추도록 하세요.

하지 마세요 - 그나 그녀를 잃을까봐 두려워서 연인을 충족시키려고 하지 마세요.

목표로 하세요 - 자신도 동등하게 햇볕을 쬐도록 하세요. 당신의 느낌에 대해 얘기하세요.

스타일 / 이미지 마음가짐

당신의 낮 시간의 이미지에 약간의 딜레마가 있습니다. 하루 종일 작업복이나 유니폼을 입는다는 것이 당신의 재미있는 면을 드러낼 수 없다는 뜻은 아닙니다. 활동적인 이미지가 당신의 일상에도 어울릴 수가 있습니다. 태양이 당신의 삶 속으로 무엇을 가지고 왔나요?

해보세요 - 명랑해 보이는 옷을 입어보세요.

하지 마세요 - 실내의 포로복 모드는 하지 마세요.

목표로 하세요 - 당신의 나무랄 데 없는 훌륭한 취향을 실천해 보세요.

가정 생활 마음가짐

당신은 지금 모든 이의 황금의 아이입니다. 심지어 형제들과 이웃들조차 당신을 위한 시간을 갖는 듯합니다. 그것은 아마도 당신이 사려 깊게 행동하거나 말한 것 때문일 거예요. 그것은 훌륭한 득점이었으나 이를 당연하게 여기지는 마세요. 이 이미지를 지키는 데는 당신의 스타일과 끈기가 필요합니다.

해보세요 - 당신이 지금 하고 있는 일에 집중하세요. 곤란을 무릅쓰고 계속하세요.

하지 마세요 - 자만하여 자신의 성공을 망치지 마세요.

목표로 하세요 - 훨씬 더 지혜롭고 자상하게 성장하세요.

교육 / 일 마음가짐

최근 태양은 정말로 당신 위를 비추고 있습니다. 당신은 권위를 가진 이들에게 주목받아왔고 그들은 당신의 성공에 열광적입니다. 그러나 그렇지 않으면 당신 스스로는 누구도 언급하지 않으리라 생각했던 면을 가지고 당신을 몰아세우고 있습니다. 양심에 떠오르는 것이 무엇인가요?

해보세요 - 그들의 방식대로 처리하세요. 당신이 해야만 할 때까지 사과하지 마세요.

하지 마세요 - 당신에게 불필요하게 관심을 끌어오지 마세요.

목표로 하세요 - 지금부터 계속 좋은 기억을 지켜가세요. 변화하기에 너무 늦은 것은 아니랍니다.

10. vacation 휴가

휴가는 당신을 새로운 장소와 선명한 수평선으로 데려갑니다. 낯선 환경은 당신에게 자신의 삶에 대한 새로운 시각을 열어줄 수 있습니다. 또는 당신에게 광장공포증을 안겨줄 수도 있습니다. 일상의 느슨함에서 벗어나 당신이 모르는 사람들과 어울리는 것은 겁나는 일일 수도 있습니다. 그러나 당신이 새환경에 익숙해지면 즐겁게 놀고 재미있는 시간을 보낼 수 있을거예요. 이때는 충전과 휴식을 위한 시간입니다.

일반적 마음가짐

휴가의 시간은 여기 다시 왔습니다. 당신은 이미 가보지 않았던 파라다이스에 대해 꿈꾸고 집을 멀리 떠나 가보길 염원했었죠. 새로운 어딘가에 가는 것에 대해 어떤 걱정을 하든, 당신은 색다른 경치와 태양이 빛나는 하늘에 흥분할 수 있어요. 당신이 뒤에 가장 남겨두고 떠나고 싶은 것은 무엇인가요?

해보세요. - 재미와 모험에 대한 감각을 키우세요.

하지 마세요. - 게으름 피우지 말고, 가족들이 당신만 집에 남겨두고 왔으면 좋겠다는 생각을 하지 마세요.

목표로 하세요. - 신중히 짐을 싸서 걱정 없이 즐기도록 하세요.

친구 마음가짐

멀리 떠나올 때 당신은 새로운 친구를 찾기 위해 이전 친구들을 뒤에 남겨두고 왔어요. 새로운 이들이 당신을 어떻게 생각하느냐는 당신이 얼마나 잘 어울리느냐에 달려 있어요. 만약 당신이 수줍어한다면, 어색한 분위기를 깨뜨릴 몇 가지 의도적인 행동을 연습하세요. 이야기를 잘 들어주고 즐겁게 노세요. 오늘밤 분위기는 어떤가요?

해보세요. - 국제적인 우정을 나누는 마음을 길러보세요.

하지 마세요. - 함께 교제하거나 어울리기에 나쁜 친구는 피하세요.

목표로 하세요. -원래 친구들을 위해 집으로 엽서 몇 장을 보내보세요.

데이트 / 사랑 마음가짐

바캉스의 로맨스는 소용돌이 같은 사건입니다. 당신들은 짧은 시간에 급격히 서로에게 빠지고 오직 사는 곳이 멀어서 떨어집니다. 이 관계를 분명히 한정된, 유효기간이 있는 선물로서 받아들이세요. 그리고 그것이 지속되는 한 즐기세요. 당신은 떨어져 있을 때도 믿음을 유지할 정도로 강한가요?

해보세요 - 낭신의 질먹직인 면을 깅회히세요.

하지 마세요 - 너무 심각해지지 않도록 하세요.

목표로 하세요 - 함께 좋은 시간을 나누고, 그것이 결코 다시 올 수 없음을 기억하세요. 그럴 수 있죠?

스타일 / 이미지 마음가짐

당신은 무엇을 입어야 할지, 무엇을 챙겨야 할지 고민하고 있어요. 당신이 도착해서 좀 더 편안하게 여행할 수 있도록 산뜻하고 새로운 여장을 챙겨가세요. 새 선글라스를 가져가서 비가 오든 해가 비치든 끼세요. 그리고 썬 블록 크림을 잊지 마세요. 피부를 햇볕에 태우지 마세요.

해보세요 - 주심스럽게 태양을 쏘여서 피부를 적당히 그을리세요.

하지 마세요 - 태양볕을 너무 받지 마세요. 푸석푸석해지지 않도록 하세요.

목표로 하세요 - 쿨한 도시적 세련미를 풍겨 보세요. 당신은 인기가 최고일 거예요!

가정 생활 마음가짐

당신은 정말 모든 것을 남겨두고 오고 싶었을 거예요. 당신이 가족들과 휴가를 갔을 때 가족 중 누군가와 얼마나 더 멀리 떨어질 수 있는지 체크하는 건 난처한 일일 테니까요. 다음번에는 친구들을 초청하여 함께 여행가세요. 모든 경험이 훨씬 더 즐거울 거예요.

해보세요 - '가족들은 나와 함께 있지 않다' 는 것을 보이려고 노력하세요.

하지 마세요 - 60년대 디스코 파티와 퀴즈의 밤을 보내지 마세요. 해변을 거니세요.

목표로 하세요 - 모래사장 위에서 약간 외로워하세요.

교육 / 일 마음가짐

지금은 공부와 일에 대해 걱정할 시간이 아닙니다. 지금은 휴가의 시간이에요. 그것이 지속될 때 감상하세요. 당신은 여기 즐기러 왔다는 걸 기억하죠? 당신 중의 몇 퍼센트가 당신과 휴가를 보내고 있고, 몇 퍼센트가 아직도 집에 남아 있나요?

해보세요 - 당신의 시야를 신선하게 할 새로운 것에 대한 욕구를 기르세요.

하지 마세요 - 일에 관한 장시간의 지루한 토의는 하지 마세요.

목표로 하세요 - 삶이 얼마나 재미있는지를 발견하세요.

III. computer 컴퓨터

정보의 고속도로는 모험과 연결을 향한 당신의 노란 벽돌 길이 될 수 있습니다. 모뎀이 설치될 때 그 누가 컴퓨터가 이렇게 다목적으로 쓰일 거라고 생각했겠습니까? 일단 컴퓨터가 가져다주는 정보와 지식에 접근하기만 하면, 당신의 모든 창조력의 본질이 종이로 흘러 들어갈 것입니다.

일반적 마음가짐

너무도 많은 정보들이 지금 당신에게 흘러 들어오고 있습니다. 당신은 그 모든 걸 소화시킬 시간이 좀 필요합니다. 만약 당신이 너무 과부하에 걸렸다고 느낀다면, 하루를 쉬면서 그것들을 정돈하세요. 당신은 얼마간 자신의 창조적인 면에 귀 기울이지 않았기 때문에 페이퍼 잼에 걸렸다고 느낄 거예요. 무엇이 만들어지고 있나요?

해보세요 – 약간 침묵해 보세요.

하지 마세요 – 모든 것을 한 번에 하려고 몰아대지 마세요.

목표로 하세요 – 중요한 문제에 관심을 가지세요.

친구 마음가짐

친구들에게 온 이메일에 매우 속이 상할 수도 있어요. 당신이 그들을 직접 만나서 눈을 보거나 귀로 목소리를 듣지 못할 때 말이죠. 만약 당신이 오해를 했다면, 더 나빠지기 전에 직접 만나 상황을 명확히 할 때예요. 지금 진짜 문제가 무언가요?

해보세요 – 문제를 잘 조정하고 그것을 설명하는 능력을 발휘하세요.

하지 마세요 – 화낸 이메일에 당신도 앙갚음하지 마세요.

목표로 하세요 – 자신이 먼저 확실하게 연락하세요.

데이트 / 사랑 마음가짐

온라인으로 채팅하는 것과 전면적으로 만나 연애하는 것은 다른 것이랍니다. 당신이 이 사람에 대해 충분히 알지 못해서 정보를 가지고 판단할 수가 없습니다. 글로 쓰면 모두 좋은 듯 보이지만 무언가가 완전히 빠져 있죠. 무엇이 그/그녀에 대해 당신을 불안하게 하나요?

해보세요 - 이 사람을 만나기 전에 확인해보기 위해 당신의 웹캠을 사용하세요.

하지 마세요 - 컴퓨터 데이트를 하지마세요. 그 끝이 슬프답니다.

목표로 하세요 - 자신의 입장을 밝히기 전에 이 사람에 대해 더 조사해 보세요.

스타일 / 이미지 마음가짐

거울을 보고 예쁜 표정을 지어 보세요. 당신의 얼굴이 너무 음울해 보이나요? 당신은 밖에 좀더 나가서 그 창백한 얼굴에 태양볕을 더 쐬어야 해요. 자기 자신의 이야기를 들어보세요. 얼마나 많은 컴퓨터 용어들이 입에서 나오나요? 당신은 똑똑해 보이지만 마치 외계인 같군요.

해보세요 - 문을 열고, 밖으로 나가세요.

하지 마세요 - 너무 뛰어나 보이려 하시 마세요.

목표로 하세요 - 새로운 활동을 시작해 보세요.

가정 생활 마음가짐

당신이 온라인 활동에 너무 오랜 시간을 보내는 것에 대해 불만이 있습니다. 누군가 컴퓨터를 이용하고 싶어합니다. 또는 당신이 컴퓨터 대신 숙제를 좀 하기를 원합니다. 당신은 컴퓨터가 집안에서 자신을 지탱하는 생명줄이라고 느낄지도 몰라요. 그건 다른 이들도 마찬가지랍니다. 어떻게 모든 이가 컴퓨터를 다 쓸 수 있을까요?

해보세요 - 그저 미친 듯이 키보드 위에서 타이핑하지 말고, 당신의 마법 손가락을 활용해서 조용히 하여 집안 주변을 좀 도와주세요.

하지 마세요 - 혼자만 너무 오래 인터넷을 이용하지 마세요.

목표로 하세요 - 먼저 당신의 숙제를 하세요.

교육 / 일 마음가짐

지금은 진지한 집중이 필요한, 당신을 위한 창조적인 시간입니다. 자신만의 계획과 소망이 우선시 되어야 합니다. 무엇을 해야 하는지에 대한 절충 없이 당신이 해주는 다른 이의 일보다 말이죠. 당신은 어떻게 여분의 시간을 마련할 수 있나요?

해보세요 - 아이디어를 발전시키기 위한 자신만의 전략을 마련해 보세요.

하지 마세요 - 다른 사람의 일을 해주지 마세요.

목표로 하세요 - 당신의 창조적인 잠재성의 문을 여세요.

12. mask 가면

마스크는 당신의 실제 얼굴을 숨깁니다. 아마도 당신에게는 정체성의 위기가 있을 겁니다. 아니면 단순히 피부의 트러블이 있을 수도 있고요. 당신이 숨기든 아니든, 당신에 관한 어떤 비밀과 거짓말의 분위기가 있습니다. 숨겨진 것은 결국은 밝혀질 길이 있답니다. 당신을 둘러싼 사람들은 당신을 속이고 있거나 그들의 진정한 의도를 보여주고 있지 않습니다.

일반적 마음가짐

정말 당신은 도청을 당하고 있습니다. 실제 상황을 감추는 무언가가 있어 당신은 아무리 노력해도 그 일의 진상에 닿을 수가 없어요. 할 수 있는 한 다양한 출처로부터 정보를 구하세요. 그래서 일이 어떻게 돌아가는지 이해할 수 있도록 하세요. 어떤 점이 당신을 가장 걱정시키나요?

해보세요 - 당신 내면의 탐정을 가동시키세요.

하지 마세요 - 어떤 일이 일어나고 있는지 당신이 확실히 알 때까지 그 일에 동참하는 걸 피하세요.

목표로 하세요 - 당신이 진실을 알 때까지 모든 가능한 장소를 다 수색하세요.

친구 마음가짐

누군가 당신에게 정직하지 않거나 당신이 누군가를 속이려 하고 있어요. 무엇보다 빠르게 기만과 비밀이 우정을 손상시키고 있어요. 누가 누구로부터 무엇을 감추고 있나요? 당신은 무엇을 얻고, 또 무엇을 잃나요?

해보세요 - 좀 정직해 보세요.

하지 마세요 - 누군가 당신에게 비밀을 얘기하려 할 때 듣지 않겠다고 하세요.

목표로 하세요 - 우정에 대해 열려 있거나 아니면 끝내세요.

데이트 / 사랑 마음가짐

누가 가면을 쓴 남자/여자인가요? 당신이 아주 매력적으로 만들려고 열망하는 그/그녀에 관한 미스테리가 있어요. 그것은 숨겨진 슬픔과 같은 거지만 당신을 해치려는 비열한 비밀이 될 수도 있어요. 이 미스테리에 당신을 훨씬 더 빠뜨릴 수 있는 사실에 대해 그녀/그가 얘기하지 않은 것은 무엇인가요? 왜 그녀/그는 솔직하지 않으려 하는 걸까요?

해보세요 - 호기심을 발동하여 더 질문을 해 보세요.

하지 마세요 - 몰래 만나지 마세요.

목표로 하세요 - 그/그녀를 집으로 데리고 와서 조심스레 탐색해 보세요.

스타일 / 이미지 마음가짐

당신은 오랫동안의 스타일 위기에 대해 어떤 도움을 받을 때에요. 당신의 가치를 정직하게 평가하고 고유의 이미지를 발견해줄 할 스타일 코치가 필요해요. 숨기는 걸 그만하고 적극적인 행동을 통해 자신이 가장 단점이라고 생각하는 것을 다루어 보세요. 당신의 정신적인 매력은 어디에 있나요?

해보세요 - 용기를 키우세요.

하지 마세요 - 미운 오래 새끼로 남아 있지 마세요.

목표로 하세요 - 당신이 늘 키워왔던 백조를 드러내세요.

가정 생활 마음가짐

당신이 곤란에서 벗어나기 위해 거짓말에 능통하던 것을 인정하고 드러낼 때입니다. 당신은 이런 자신의 능력을 자랑스러워할지도 모릅니다. 그러나 당신이 가장 속였던 사람은 바로 자신입니다. 누가 당신을 속이고 있나요?

해보세요 - 정직함을 키우세요.

하지 마세요 - 자기기만을 하지 마세요.

목표로 하세요 - 당신의 삶을 숨김없이 사세요.

교육 / 일 마음가짐

학교/일터에 있는 누군가가 거짓말을 하거나 무언가 피해를 입히는 행동을 하게 될 지도 모를 비밀이 생깁니다. 당신 자신이 불법적인 어떤 일을 밀고하거나, 비밀을 폭로하게 되는 곤란한 위치에 처하게 될 수도 있습니다. 그것을 누설하지 않는 결과는 무엇일까요?

해보세요 - 조심스레 일을 해 나가고, 상황과 독립적인 입장에서 당신에게 조언할 자기편을 찾으세요.

하지 마세요 - 적절하지 못한 때에 폭로해서 타인의 분노를 끌어 모으는 일이 없도록 하세요.

목표로 하세요 - 당신이 다루는 모든 일에 있어 중립적이 되도록 하세요.

‖3. volcano 화산

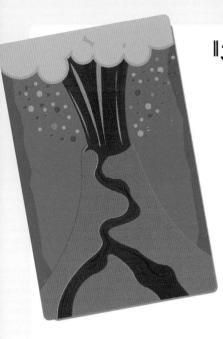

화산이라는 존재는 단지 격변과 충돌을 의미합니다. 감정이 거칠어지고, 자제력을 잃어버리고, 분노가 끓어오르고, 모든 이가 흥분해 있습니다. 아마도 폭력적인 반응이 있을 수도 있습니다. 지구가 그 꼭대기까지 끓어오를 때는, 균형을 되찾아야 합니다. 이것은 사람에게도 마찬가지입니다. 따라서 이 카드는 제어력을 잃지 않을 뿐 아니라 상태를 원래로 다시 되돌리는 것에 대한 카드입니다.

일반적 마음가짐

당신의 속은 부글부글 끓어오르거나 어쩌면 이미 폭발했는지도 모릅니다. 당신은 화가 나고 속이 뒤집혔습니다. 그래서 정말로 의도하지 않았던 말이나 행동을 누군가에게 할 수도 있습니다. 그러니 당신만의 조용한 방에서 실컷 울거나 낮잠을 자는 편이 낫겠네요. 조용히 명상하기 위해서는 어디를 가는 게 좋을까요?

해보세요 - 감정을 풀어주기 위해 모든 비폭력적인 방법을 사용하세요.

하지 마세요 - CD 플레이어를 부수거나 집안의 애완견을 차지 마세요.

목표로 하세요 - 소동이 가라앉았을 때, 상황의 균형을 되찾으세요.

친구 마음가짐

누군가의 분노가 제어를 넘어서서 상황이 폭력이나 고함소리로 악화돼 버렸습니다. 우정이 변하여 경쟁심이나 증오가 될 우려가 있습니다. 이 악순환이 제어되지 않는다면 누군가가 상처받을 수 있습니다. 무엇이 상황을 가라앉힐 수 있을까요?

해보세요 - 당신의 상식을 발동시켜서 온건한 토의를 할 수 있도록 하세요.

하지 마세요 - 다툼으로 이끌고 가지 마세요.

목표로 하세요 - 중립적인 관점을 유지하면서 상황과 연관된 누군가에게 도움이 되는 조언을 하세요.

데이트 / 사랑 마음가짐

이것은 연인과의 가장 큰 전쟁입니다. 공기는 아직도 맑게 개지 않았군요. 감정의 분출이 좀더 있을 것 같습니다. 논쟁의 이유가 무엇이든 간에– 그것은 아주 사소한 걸 거예요 – 이 사랑이 지속되길 원한다면 당신은 현실로 돌아올 필요가 있어요. 누가 먼저 사과할 건가요?

해보세요 – 애정 많고 관대한 당신의 천성을 발휘해 보세요.

하지 마세요 – 하루가 가기 전에 화해하도록 하세요.

목표로 하세요 – 당신이 얼마나 그/그녀를 사랑하는지 보여주세요.

스타일 / 이미지 마음가짐

이 순간, 당신은 침울하고 이해받지 못한다는 느낌을 받고 있어요. 지금이 반항과 폭동을 주장하던 고전적 패션 스타일을 할 때인가요? 당신의 불만이 정치적인 것이든, 지역적인 것이든 당신은 이 사회의 약자들을 강력히 지지하고 있습니다. 그래서 그들과 같은 방식으로 옷을 입는 데 마음이 끌립니다. 당신 생각에는 무엇이 적절한 거 같으세요?

해보세요 – 공평성에 대한 감각을 기르세요.

하지 마세요 – 너무 선명한 색깔은 피하세요. 당신은 조화롭게 섞이길 원하잖아요.

목표로 하세요 – 폭력성을 드러내지 않고 자신의 주장을 피력해 보세요.

가정 생활 마음가짐

집안에 분쟁이 될 만한 일이 있었습니다. 지금은 모든 이의 성미가 누그러져 있습니다. 그러니 당신이 분쟁의 원인이었다면, 그저 눈앞에서 안 보이면 좋을 때네요. 무슨 일이 일어났나요? 당신은 무슨 일을 저질러서 일을 망쳐놨나요?

해보세요 – 가능하면, 그 원인을 없애서 분쟁을 최소화하세요.

하지 마세요 – 그 일에 관한 폭력적인 말다툼을 피하세요.

목표로 하세요 – 당신이 할 수 있는 한 신중하게 행동하세요.

교육 / 일 마음가짐

학교나 일터에 무언가 좋지 않은 저변에 흐르는 표현하지 않은 분노가 있어 보입니다. 무언가가 잘못되어 가고 있고, 모든 이가 그것의 영향을 받고 있습니다. 맞고소가 시작되거나 직장에서 쫓겨나기 전에, 당신의 위치를 확실히 할 필요가 있습니다. 지금 당신은 그저 죽어 있을 때인가요?

해보세요 – 팀조직으로 움직이는 정신을 발휘해 보세요.

하지 마세요 – 추측으로 긴장을 가중시키지 마세요.

목표로 하세요 – 공공의 적을 알아내어, 그가 못 들어오게 문을 잠그어 버리세요.

I4. snake 뱀

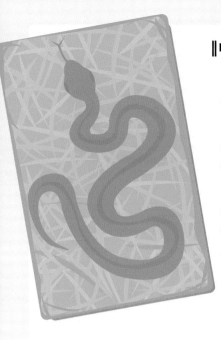

뱀은 늘 조용하고, 자극 없이는 사람을 공격하지 않는 차분한 동물입니다. 그러나 우리가 그들을 보면 놀라기 때문에, 실제보다 훨씬 더 흉악하다고 생각합니다. 그들은 그저 홀로 있고 싶은지도 모릅니다. 당신이 뱀 카드를 뽑았을 때는 예기치 못한 일을 생각하세요. 견뎌내야 할 테스트나 시련이 있을지도 모릅니다. 당신은 더 발전해야 하기 때문에 처음부터 다시 시작해야 할지도 모릅니다. 당신은 그저 자신의 두려움 때문에 움츠릴 수도 있습니다.

일반적 마음가짐

이것은 당신이 전혀 예상한 것이 아닙니다. 당신은 앞으로 어떻게 나가야 할지 모르거나 결과에 대해 너무 두려워할지도 모릅니다. 이 놀라움이 무엇에 관한 것이든, 당신의 운에서 이 갑작스런 변화는 결국 순이익이 될 것입니다. 상황은 이로부터 어떻게 발전해 나갈까요?

해보세요 - 앞으로의 계획을 세우고 이 상황에서 벗어나세요.

하지 마세요 - 정신의 재앙 상태에 머무르지 마세요.

목표로 하세요 - 당신이 안전지대에 있다고 느낄 때까지, 느리게 조금씩 앞으로 나아가세요.

친구 마음가짐

친구 중 한 명이 풀밭 위의 뱀이 되어 당신에게 이유 없이 다가왔습니다. 당신은 그들이 자신과는 전적으로 다른 성격을 지니고 있다고 생각했습니다. 그들을 용서할 수 있다고 하는 것은 좋은 농담처럼 들리진 않는군요. 상황은 그보다 더 심각합니다. 당신이 배신당하면, 어떤 느낌이 들까요?

해보세요 - 진실로 좋은 친구에게 가서 함께 시간을 보내세요.

하지 마세요 - 그녀/그가 이런 식으로 계속 행동한다면, 그 뱀의 친구가 되지 마세요.

목표로 하세요 - 보다 믿을 만한 사람들과 우정을 만들어 가세요.

데이트 / 사랑 마음가짐

당신은 연인이 자신을 테스트하고 있다고 느낄 겁니다. 언제 이 관계가 경쟁이 되었나요? 어쩌면 당신은 이미 그/그녀가 다른 사람과 함께 있는 것을 보았을 지도 모릅니다. 당신은 이것을 예상하지 않았습니다. 당신은 이에 대해 어떻게 생각할 건가요?

해보세요 - 왜 당신이 이 관계에 들어섰는지 기억하세요.

하지 마세요 - 당신의 연인이 정말 당신에게 다가가고 있다면, 당신은 늘상 연인 주변에 머무르려고 하지 마세요.

목표로 하세요 - 다른 사람을 찾아 보세요. 그래서 미래에 일어날 불쾌한 놀라움을 피하세요.

스타일 / 이미지 마음가짐

당신은 실제의 자신보다 사람들에게 훨씬 무섭거나 강렬한 인상을 주고 싶어합니다. 당신의 트레이드마크는 매혹 입니다. 이는 당신이 패션을 자신에게 유리하게, 솜씨 있게 다룰 줄 안다는 것입니다. 그런데 이 일이 본인에게 힘겨운 일이 되고 있지 않나요? 당신이 어필하고 싶어하는 대상은 누구인가요?

해보세요 - 변화를 위해서는 기본적인 단순함을 강화하세요.

하지 마세요 - 자신을 위장하는 교묘한 이미지에 눈멀지 마세요.

목표로 하세요 - 자신을 더 기쁘게 하고, 다른 이는 덜 감동시키세요.

가정 생활 마음가짐

당신이 TV 속에 빠져서 얼마나 소파에 달라붙어 있는지에 대해 얘기가 있어 왔습니다. 일어나세요! 당신도 알고 있듯이, 저 바깥에는 또 다른 삶이 있습니다. 당신이 다리 사용하는 법을 잊어버리기 전에 나가보세요. 무엇이 끌리나요?

해보세요 - 산책하면서 어떤 것을 끝까지 생각하세요.

하지 마세요 - TV가 삶의 유일한 것이 되게 하지 마세요.

목표로 하세요 - 발전하려고 하고, 기개를 키워서, 집 밖으로 나가세요.

교육 / 일 마음가짐

큰 시험이나 검사가 있을 예정입니다. 그런데 당신은 이에 대해 이유 없이 걱정하고 있습니다. 당신은 이미 일을 했고, 자신의 가치를 보여주었습니다. 이 문제를 정면대응하세요. 자신이 무엇을 알고 있고 무엇을 모르고 있는지보다 당신은 시험받는 것을 더 두려워하고 있습니다. 당신은 얼마나 준비했나요?

해보세요 - 당신의 마음을 침착하게 하기 위해 간단히 복습하세요.

하지 마세요 - 두려움을 인정하지 마세요. 그것을 문 밖으로 쫓아내세요.

목표로 하세요 - 테스트의 주제에 집중하여 당신이 할 수 있는 만큼 하세요.

15. rainbow 무지개

호우 뒤에, 폭풍우 뒤에 무지개는 신선한 희망을 가지고 나옵니다. 타협과 치유의 길은 당신이 어쩔 수 없었던 일과 화해하기 위해 선택한 길입니다. 당신은 힘든 시간 후에 평화와 고요의 안식처를 찾고 있습니다. 당신이 찾는 치유가 무엇이건 간에, 무지개는 당신의 영혼에 평온함을 가져다 줄 것입니다.

일반적 마음가짐

비는 그치고, 당신의 눈물 사이로 태양이 비치고 있습니다. 이제는 분노와 좌절로부터 벗어나 평화를 찾을 때입니다. 치유에 필요한 것이 무엇이든 조심스레 다루어야 합니다. 당신은 평지풍파를 일으키지 않는 타협의 길을 찾아야 합니다. 누가 지금 미안해하고 있나요?

해보세요 – 당신 자신과 다른 이들에 대한 자비를 품어 보세요.

하지 마세요 – 앙심 품을 생각은 하지 마세요.

목표로 하세요 – 화나게 하는 일이 있어도 평화를 유지하세요.

친구 마음가짐

친구들 중 한 그룹이 다른 그룹에게 얘기를 하지 않고 있네요. 그들이 당신에게 얘기를 걸지 않을 수도 있구요. 이것은 작은 파란인가요, 아니면 그보다 더 심각한 건가요? 친구들 간에 이 문제를 정리할 기회가 온다면 그 기회를 잡으세요. 당신은 곧 휴전을 원할 테니까요.

해보세요 – 평화의 담뱃대(아메리칸 인디언이 화친의 표시로 돌려 피우는 담뱃대 ― 평화를 위한 제스츄어로 생각하면 됨/ 번역자주)를 사용하세요.

하지 마세요 – 다투고 싸우는 것을 피하세요.

목표로 하세요 –중재를 위해 이 상황에 중립적인 친구를 통해 평화를 불러오세요.

데이트 / 사랑 마음가짐

폭풍우가 있은 다음에, 다시 서로 키스하고 화해할 수 있다는 것을 기억하세요. 그러나 그녀/그가 당신의 욕을 한다면 어떨까요? 당신은 욕을 들을 만한 일을 했나요? 서로가 명확히 의사소통하는 법을 잊어버릴 때, 우리는 혼란스러워하고 다툼을 일으킵니다.

해보세요 — 어서 만나서 분위기를 정돈하고 다시 시작하세요.

하지 마세요 — 서로 피하지 마세요.

목표로 하세요 — 서로 사랑스럽게 얘기하세요.

스타일 / 이미지 마음가짐

색의 치유효과가 당신의 현재 기분을 북돋울 수가 있어요. 그렇다고 60년대 리트로(과거에 유행한 모드를 다시 부활시킨 것) 패션을 하거나 꽃무늬 옷을 입은 히피가 될 필요는 없어요. 당신에게 맞는 색조를 찾아서 그 색으로 된 무언가를 착용하세요. 그것은 화장이 될 수도 있고, 셔츠나 스카프, 구두가 될 수도 있어요. 그들과 다시 접하니 어떤 느낌이 드세요?

해보세요 — 자신에게 맞는 색깔을 찾기 위한 안목을 기르세요.

하지 마세요 — 벨트와 같이 그 조합이 최소가 아니라면, 무지개 색깔을 모두 함께 조합해서 입진 마세요.

목표로 하세요 — 당신이 걸어 들어가는 공간을 밝게 해 보세요.

가정 생활 마음가짐

소란이 가라앉았습니다. 모든 이의 기분이 달콤하지는 않더라도 적어도 다가가기 쉬운 상태가 되었습니다. 미안하다거나 관심을 기울이고 있다는 뜻을 담은 선물을 하기 좋은 때인 것 같네요. 무엇이 사람 사이를 갈라놓고 다시 되돌리는 다리가 될까요?

해보세요 — 가족들 서로가 신뢰를 되찾을 수 있도록 도와주세요.

하지 마세요 — 놀리고 비난하는 게임은 하지 마세요.

목표로 하세요 — 같이 어울릴 수 있는 길을 향해 마음을 여세요.

교육 / 일 마음가짐

학교/일터에서 심각한 충돌이 있었습니다. 누군가 당신을 불편하게 대하거나 동료 중 누군가를 당신이 미워하고 있습니다. 당신과 그들이 그토록 오래 불화를 지속시키면, 그 손실은 얼마나 클까요?

해보세요 — 정전(政戰)을 하세요.

하지 마세요 — 변명과 자기합리화는 하지 마세요.

목표로 하세요 — 분쟁 지역 주변에서 어떤 길을 찾거나, 서로간에 의견 차이를 인정하고 다투지 않기로 하세요.

16. mirror 거울

거울은 당신의 외모를 비출 뿐 아니라 당신이 가졌다고 믿는 이미지도 비춥니다. 거울이 카메라처럼 거짓말을 하지 않는다고들 합니다. 하지만 거울도 속일 수 있다는 걸 잊지 마세요. 그것은 당신이 보는 이미지를 거꾸로 비춥니다. 그러나 당신은 거울을 통해 자신에 대해 느낍니다. 거울에 비친 것은 전체의 모습이 아닙니다. 가끔 당신을 비추는 이미지는 틀린 이미지입니다. 그리고 가끔 그것은 진실하고 믿을 만한 영상입니다.

일반적 마음가짐

당신은 자의식이 강하다고 느낍니다. 그러나 당신이 자신에 대해 느끼는 것이 주변의 세계에도 반영되기 시작하고 있다는 것이 더 문제입니다. 이러한 인상은 오직 실제 세계의 왜곡 또는 반전(反轉)일 뿐입니다. 당신은 어디서 실제의 세계를 확인할 수 있나요?

해보세요 – 무엇이 진실인지에 대해 명상하세요.

하지 마세요 – 부정적인 관점에 몰두하지 마세요.

목표로 하세요 – 사물을 다른 식으로 보려 하세요.

친구 마음가짐

당신은 일의 초점이 불분명할 때 상황이 어떻게 되어가고 있는지 진실되게 비춰줄 친구를 신뢰합니다. 그러나 늘 그런 친구를 좋아하는 것은 아닙니다. 친구가 당신에게 얘기한 내용을 좋아하지 않는다면, 현실을 외면할 수도 있습니다. 그렇지 않으면 지금 당장 자신에게 큰 슬픔을 주는 상황을 더욱 가까이 볼 수도 있습니다. 어떤 쪽이 당신에게 더 도움이 될까요?

해보세요 – 자기인식을 더 해 보세요.

하지 마세요 – 새로운 환경에 적응하는 것으로 활동을 멈추진 마세요.

목표로 하세요 – 진정한 자신을 반추해보도록 해 보세요.

데이트 / 사랑 마음가짐

당신은 자신과 매우 달라서 스스로의 아이디어와 자아상을 보완해줄 수 있는 사람에게 끌리는군요. 정반대의 것이 매력적입니다. 그러나 그 둘은 적이 될 수도 있습니다. 이것이 당신들을 함께 유지시키기에 충분한가요?

해보세요. - 당신들이 함께 할 수 있는 것에 집중하세요.

하지 마세요. - 변화시키려 하지 마세요. 당신들이 함께 잘 지내지 못한다면, 그때 가능한 것은 아무것도 없어요.

목표로 하세요. - 당신들을 다르게 만드는 것에 정면충돌하기보다는 그 다른 시각을 축복하세요.

스타일 / 이미지 마음가짐

제대로 보도록 해요. 당신이 고수하고 있는 스타일이 한때는 도움이 됐던 거예요. 하지만 이제 거울을 들여다보고 당신이 어떻게 변해가야 할지 알아야 할 때예요. 그리고 당신이 사람들 중에 가장 아름답다고 혼자 얘기하는 것도 멈춰야 해요. 지금 당신은 누구인가요?

해보세요. - 옷장을 열어 현실을 직시하고 친절한 조언을 구하세요.

하지 마세요. - 특정한 한 스타일에 빠져 있지 마세요. 그것이 당신에게 어울릴지 몰라도 주변 사람들에겐 구식이 되고 있답니다.

목표로 하세요. - 당신의 두뇌에 새겨진 오래된 스타일을 놓아버리세요. 그리고 새로운 당신을 향한 문을 열어보세요.

가정 생활 마음가짐

지금 모든 사람이 다른 모든 이를 비추고 있답니다. 이것은 마치 거울의 방과 같아요. 너무 가까이 붙어 지내기 때문에 서로를 보는 관점은 왜곡되고 있어요. 밀도가 높다고 느껴진다면, 정말 그렇게 되어가고 있는 거예요. 누가 이런 느낌을 만들고 있나요?

해보세요. - 당신의 균형감각을 살리세요.

하지 마세요. - 다른 이의 결점을 과장해서 잘못된 인상을 만들지 마세요.

목표로 하세요. - 부모님이나 형제를 그저 같이 대하는 것이 아니라 그들 각자를 다른 존재로 대하세요.

교육 / 일 마음가짐

당신이 지금 하고 있는 일은 자신의 노력과 관심의 진정한 반영입니다. 그것은 좋을 수도 있고, 나쁠 수도 있습니다. 어쨌거나 당신은 자신과 자신의 일과 자신의 태도가 주목받을 것을 분명히 확신하고 있습니다. 당신의 일은 얼마나 당신을 잘 표현하고 있나요?

해보세요. - 너무 늦기 전에 더 많은 노력과 관심을 기울이세요.

하지 마세요. - 늑장부리지 마세요.

목표로 하세요. - 세부사항에 주의를 기울여서 현재의 업무를 완성하도록 하세요.

Ⅱ. moon 달

꿈, 리듬, 상상력, 휴식, 밤 – 이 모든 것들이 달의 영향을 받습니다. 달은 감춰진 불안에서 가장 감동적인 것까지 삶의 표면 아래 놓여 있는 것을 드러냅니다. 매일 변하기 때문에 많은 이들이 달을 믿을 수 없는 존재라고 생각합니다. 그러나 달은 하늘을 가로질러 실제로는 가장 변함없이 우리를 방문하는 존재입니다. 그것이 차고 기우는 것은 만물이 어떻게 확장되고 사라지는지, 그리고 회귀하는지를 보여줍니다. 그것은 우리 모두의 삶이 성장하는 방식에 막대한 영향을 줍니다.

일반적 마음가짐

달은 한 모양에서 다음 모양으로 변화합니다. 달은 어둠 속에서 생겨나 보름달이 되고, 다시 어둠 속으로 줄어듭니다. 지금 당신은 이 순환주기의 어디에 있습니까? 당신이 달빛의 최고 밝기를 경험할 때는 모든 것이 너무 크고, 두렵게 느껴질 수 있습니다. 하늘이 완전히 어두울 때 당신의 상상력은 불쾌한 시나리오를 끌어들일 수도 있습니다.

해보세요 - 밤의 상상력을 키워보세요. 가장 가까운 지원처를 찾고 당신의 꿈에 나오는 지혜로부터 도움을 이끌어내 보세요.

하지 마세요 - 당신을 괴롭히는 낡은 유령을 피하세요.

목표로 하세요 - 달을 당신의 친구로 만드세요. 그것은 그늘을 극복하고 성장하는 것을 도와줍니다.

친구 마음가짐

달빛은 단지 태양빛의 반사에 불과합니다. 그러나 그것은 밤에도 여전히 지구를 비추고 있습니다. 이와 같이 태양이 졌을 때, 친구들은 당신이 원하는 도움과 지원을 비추어 줍니다. 특히 당신이 외로울 때, 자신이 볼 수 없는 진실을 그들은 보다 명확히 볼 수 있습니다. 당신은 지금, 어느 곳에 가장 빛이 비추길 원하나요?

해보세요 - 친구들과 시간을 보내세요. 그래서 당신 스스로 몰아넣은 외로운 곳에서 벗어나세요.

하지 마세요 - 어둠 속에 있지 마세요. 당신이 좋은 친구들로부터 얼마나 떨어져 있는지 위치를 확인하세요.

목표로 하세요 - 당신을 이 어두운 곳으로 몰고 온 것이 무엇인지 이해하세요. 그리고 다음에는 그러지 마세요.

데이트 / 사랑 마음가짐

그것은 사랑처럼 느껴집니다. 하지만 당신은 단지 연인에게 자신의 영적 열망을 투영시키고 있는 것이 아닌가요? 보름달이 그 강력한 빛을 비출 때, 당신은 모든 것을 흡수하고, 생각마저 멈춘답니다. 달빛의 로맨스는 완전히 눈먼 사랑으로 당신을 이끌고 갑니다.

해보세요 - 당신이 상대방에게 완전히 몰두하여 길을 잃기 전에, 판단력을 가동시키세요.

하지 마세요 - 당신들이 햇빛을 함께 보기 전에는 사랑이라는 이름 아래 완전히 빠져들지 마세요.

목표로 하세요 - 서로 더 잘 알아야 해요. 그 다음에 달이 비칠 때 사랑을 탐험하세요.

스타일 / 이미지 마음가짐

화려하면서도 느긋해 보이는 것이 당신의 밤의 스타일이죠. 달빛은 당신에게 어떤 영감을 주나요? 당신의 내면에서 솟아나려 하는 마술적인 힘이 있나요? 지금 당신이 창조하는 이미지는 모든 이들에게 감명을 줄 것입니다.

해보세요 - 상상력과 영감을 표현해 보세요.

하지 마세요 - 너무 티나게 차려 입은 것처럼 보이지는 마세요.

목표로 하세요 - 다른 이들보다는 스스로의 상상력에 따라 신비로운 인상을 추구하세요.

가정 생활 마음가짐

집안의 모든 이들이 심기가 뒤틀려 있습니다. 당신은 오늘밤 달이 어디에 있는지 확인해 보셨나요? 그것은 지금 상황이 어떤지 이해할 수 있게 할 겁니다. 만약 당신이 하지 않은 일에 대해 비난을 듣고 있다면, 아침이 올 때까지 머리를 숙이고 숨어다니세요. 가족들이 볼 수 있는 건 당신의 그림자뿐이도록 말이죠.

해보세요 - 스트레스를 받고 있는 가족들에 대해 연민을 가지세요. 그들을 도와주는 작은 행동을 하거나, 그들이 가는 길에 방해가 되지 않도록 지내세요.

하지 마세요 - 가족들의 비판에 합류하거나 누군가 비난하는 내용을 전하지 마세요.

목표로 하세요 - 이 침울한 상황을 변화시키기 위해 명상을 하여 평온함을 찾으세요.

교육 / 일 마음가짐

당신이 밤을 낮으로 바꾸려는 노력을 해 왔다면(당신이 전체적인 상황을 무조건 바꾸려고만 해 왔다면 ― 역자 주) 당신은 전체 그림을 아직 보지 못한 걸 거예요. 실행하기 불가능해 보이는 것이 무엇이든, 그 자체의 정황이 있답니다. 그러나 당신은 그 그림을 전혀 보지 못했어요. 당신은 너무도 커 보이는 일에 압도됐거나 너무 열심히 하려고만 하고 있지 않나요?

해보세요 - 과대평가하고 있는 문제를 실정대로 낮추어 보세요. 작업을 분석하여, 다루기 쉬운 부분들로 나눈 뒤 다시 시도하세요.

하지 마세요 - 단편적인 정보에만 근거하여 갑작스런 결정을 내리지 마세요. 당신이 더 배우기 전에는 포기하지 마세요.

목표로 하세요 - 일과 휴식을 더 적절히 조절해 보세요.

18. car 자동차

당신이 조금 먼 거리를 가려면 차를 타야 합니다. 당신은 여행을 시작하면서 주변의 풍경이나 여행의 느낌을 즐길 수도 있습니다. 자동차 카드를 뽑은 것은 일반적으로 어떤 종류의 여행이나 명확하게 앞으로 움직여 가는 것을 의미합니다. 그것은 당신의 내적인 의지와 동기에 따른 개인적인 여행일 수도 있습니다. 차와 하나가 되어 자신이 원하는 어느 곳이든 운전할 자유를 누린다는 것은 중요한 스텝입니다.

일반적 마음가짐

상황이 가로막혀 있다면, 그것이 다시 앞으로 나가는 걸 봐야 할 거예요. 당신은 자기 내면으로 다시 운전해 들어가야 할 것 같네요. 여행길에 대한 모든 것을 당신이 모른다 해도, 기운차게 시작할 수 있습니다. 당신은 자신이 원해서 여행을 하고 있나요, 아니면 필요하기 때문에 하고 있나요?

해보세요 - 앞에 펼쳐진 것이 무엇인지 볼 수 있도록 하이 빔(원거리용 상향 헤드라이트)을 사용하세요.

하지 마세요 - 당신이 빠져 있는 곤경에 머물러 있지 마세요.

목표로 하세요 - 길 가는 동안 몇 번 네비게이션으로 체크해가면서 전진하도록 하세요.

친구 마음가짐

친구들 모두가 함께 여행가는 것보다 더 좋은 것은 없습니다. 지금 당장은 무슨 일이 생긴다 해도, 적어도 친구들을 하나의 목적으로 단합시키는 효과가 있어요. 당신들은 반항적이거나 무언가 결연한 느낌을 느낄 수도 있습니다. 무엇이 당신들을 결합시키나요?

해보세요 - 정직과 정의로 함께 뭉치세요.

하지 마세요 - 길을 가는 동안 불필요한 다툼을 하지 마세요. 그것이 모든 이의 여행을 망칠 테니까요.

목표로 하세요 - 평화롭게 여행을 계속하도록 하세요.

데이트 / 샤랑 마음가짐

당신의 연인은 앞으로 나가려 합니다. 그런데 자신은 놓아두고 가려는 듯한 징조를 당신이 간파했습니다. 놀라고 상처받았다 해도, 서로가 어떤 종류의 여행을 원하는지 주의깊게 고려해 보세요. 둘은 같은 길을 갈 건가요, 아니면 서로 다른 두 길을 갈 건가요?

해보세요 – 두 사람이 원하는 것이 무엇인지 정직하게 얘기 나누세요.

하지 마세요 – 허겁지겁 문제를 감추고, 상황을 무시하려 하지 마세요.

목표로 하세요 – 잠시 동안 자신만의 시간을 가지고 앞으로 나가 보세요.

스타일 / 이미지 마음가짐

당신이 운전할 수 있는 탈거리의 종류에 따라 스타일 점수를 매길 수 있습니다. 당신이 아직 자전거를 타고 있든 자신의 첫 번째 자동차에 막 적응하고 있든, 당신은 이동성이 있어야 하고 여행을 계속 해야 합니다. 다른 누군가의 스타일에 편승하는 것은 누군가의 이미지를 훔친 것처럼 보이게 합니다. 당신은 어디를 가길 원하나요? 그리고 당신의 외양은 그와 잘 어울리나요?

해보세요 – 당신의 기동성을 키우세요.

하지 마세요 – 도보 여행 취향을 피하세요.

목표로 하세요 – 모든 종류의 여행에 잘 적응하도록 하세요.

가정 생활 마음가짐

누군가 기분전환을 위해 드라이브를 시켜주거나, 당신이 직접 운전을 할지도 모르겠네요. 가정에서의 상황은 답보상태고, 더 이상 참고 있기보다는 이제 누군가 액션을 취할 때입니다. 무엇이 당신을 움직이도록 자극하나요?

해보세요 – 긴장을 누그러뜨릴 수 있는 어떤 즉각적인 행동을 취하세요.

하지 마세요 – 단지 반응을 유발하기 위해 행동하지 마세요.

목표로 하세요 – 모든 이의 마음의 평화를 위해 더 부드럽게 전진하세요.

교육 / 일 마음가짐

당신의 일은 제대로 진척되고 있습니다. 주변의 모든 풍경은 희망적이고 전도유명해 보입니다. 여행이 지속되는 동안 여행을 즐기세요. 차의 기름이 떨어지거나 잘못된 모퉁이에 다다랐을 때, 앞으로의 선택을 심사숙고해 보는 것이 좋습니다. 다음으로 당신은 어디로 향할 건가요?

해보세요 – 이 여행에 동반한 이들에게 감사를 표하세요.

하지 마세요 – 자신의 진짜 목적을 잊은 채 풍경에 너무 빠져들지 마세요.

목표로 하세요 – 사전 계획을 짜서 발전하도록 더욱 자신을 자극해 보세요.

19. phone 휴대폰

휴대폰은 모든 이의 일기, 시계, 메모장이 되어가고 있습니다. 약속을 정하든, 수다를 떨든, 단지 정보교환을 위해서든 휴대폰은 당신과 친구들을 연결해 줍니다. 어떤 뉴스든 그것은 빛의 속도 보다 더 빨리 거리에 퍼집니다. 휴대폰으로 계획과 모임을 정할 수 있고, 정말 대화할 필요 없이 문자 메시지를 교환할 수도 있습니다.

일반적 마음가짐

지금은 오래 미루던 모임의 약속을 잡거나 자신의 마음을 이야기하기 위해 연락하기에 좋은 시간입니다. 이 시점에서는 침묵하는 것보다 연락하는 것이 더 바람직합니다. 당신은 아마 자신이 기다리던 소식을 들을 수도 있습니다. 당신이 정말 듣고 싶고, 말하고 싶어 하는 것은 무엇인가요?

해보세요 - 메시지가 왔는지 휴대폰을 체크하세요.

하지 마세요 - 침묵을 지키지 마세요.

목표로 하세요 - 당신의 생각과 아이디어를 정확하게 전달하려고 해보세요.

친구 마음가짐

얘기해야 할 것도 너무 많고, 얘기해야 할 사람도 너무 많습니다. 휴대전화 비용은 엄청날 테지만 당신은 상관하지 않습니다. 당신이 말한 뉴스는 사람들에게 퍼지거나, 당신이 터뜨릴 겁니다. 당신의 뉴스를 말로 표현하는 가장 좋은 방법은 무엇일까요?

해보세요 - 빠르게 행동하세요. 그렇지 않으면 다른 사람들이 먼저 이룰 거예요.

하지 마세요 - 상처가 되는 소문은 퍼뜨리지 마세요.

목표로 하세요 - 모든 중요한 친구들에게 연락하도록 하세요. 한 사람이라도 빼놓지 않도록 하세요.

데이트 / 사랑 마음가짐

이 만남은 일어나도록 예정 지워진 만남입니다. 당신들은 너무 가까워서 둘 사이의 교감은 거의 텔레파시에 가깝습니다. 그가 생각하는 것을 당신이 행동합니다. 당신이 느끼는 것을 그녀도 압니다. 이렇듯 명료한 유대로 인해, 둘 사이엔 어떤 오해도 없어야 합니다. 지금 그녀/그는 무엇을 느끼고 있나요?

해보세요 - 결정된 계획을 혼자 바꾸기 전에 서로 상의를 하세요.

하지 마세요 - 다른 친구들에 대한 절친한 믿음을 배신하지 마세요.

목표로 하세요 - 자신의 말에 진실하도록 하세요.

스타일 / 이미지 마음가짐

즐거운 소리를 만들어 내세요. 세계에 당신과 같은 사람이 있다는 것을 말해줄 새로운 벨소리를 장만하세요. 당신은 자신의 관심사를 표현해서, 그것이 주변 사람들에게 영향을 미치는 것을 보는 걸 좋아합니다. 그러나 당신의 의도를 크게 떠들고 다니는 것이 사람들에게 감명을 줄 수 있는 가장 세련된 방법일까요?

해보세요 - 더욱 성숙한 스타일 감각으로 더 멋져 보이도록 노력하세요.

하지 마세요 - 당신의 큰 벨소리에 귀가 따가운 사람들은 피하세요.

목표로 하세요 - 당신의 진정한 나를 점차적으로 드러내 보세요.

가정 생활 마음가짐

집에 있는 당신에게 전화를 거는 사람들은 당황스러운 메시지를 남길 거예요. 그러니 발신자들에게 둘만 알아볼 수 있는 암호로 메시지를 보내라고 하세요. 그러나 훨씬 더 좋은 것은, 자신만의 개인 전화를 만들어서 가족들이 듣지 못하게 안전하게 대화하는 것입니다. 당신은 지금 무엇을 숨기려 하고 있나요?

해보세요 - 당신이 은밀하게 통화할, 숨을 곳을 마련하세요.

하지 마세요 - 전화오기 전 부모님이 미리 알 수 없도록 주의하세요.

목표로 하세요 - 더 분별있게 연락하도록 하세요.

교육 / 일 마음가짐

당신은 지금 연락 대기 중입니다. 그리고 연락받으면 즉각적인 통보를 해야만 할 겁니다. 당신이 일반적인 메시지를 기다리든, 할당된 일에 관한 이야기를 듣든, 매우 신속하게 반응할 준비를 해야 합니다. 누가, 무엇이 당신을 조종하고 있나요?

해보세요 - 지금 주의 깊게 준비를 하도록 하세요.

하지 마세요 - 마지막 순간에 물건을 놔두고 가지 마세요.

목표로 하세요 - 한 발짝 먼저 가도록 하세요.

20. shell 조개껍질

조개껍질은 갑옷처럼 보호해 줍니다. 이 카드는 당신이 아직 드러낼 준비가 되지 않은 민감한 문제를 다루고 있다는 것을 말해줍니다. 그것은 당신의 상처나 고독감을 암시할 수도 있습니다. 또는 당신이 경험하고 있는 수줍음이나 외로움을 얘기할 수도 있습니다. 당신은 아마도 무언가 준비하고 있는데, 그것은 껍질이 더 이상 필요 없을 때 곧 드러날 것입니다.

일반적 마음가짐

당신은 아직 나올 준비가 되어 있지 않습니다. 그러니 자신의 계획을 미리 걱정하는 건 소용이 없습니다. 무엇이 드러날지 모르지만 그것은 아직 준비가 안 돼 있습니다. 그러니 그 시간까지 당신은 은둔해서 조용히 명상할 필요가 있습니다. 무엇이 자라고 발전하고 있나요?

해보세요 – 그것이 그 자체의 시간 안에서 성장하고 발전하는 걸 두려워하지 마세요.

하지 마세요 – 준비되기 전에, 당신이 키우고 계획하고 있는 것을 드러내지 마세요.

목표로 하세요 – 시간이 될 때까지 자신을 외부의 영향력으로부터 지키도록 하세요.

친구 마음가짐

당신은 버려졌다고 느끼거나 실망할지도 모릅니다. 단지 부끄러운 건지도 모릅니다. 어쨌거나 당신은 행동에서 고립되었다고 느끼고, 매우 외로워하고 있습니다. 그렇지만 이것은 전적으로 당신만의 책임이 아닙니다. 당신이 자신의 방식을 통해, 자기 수준에서 참여할 수 있는 길이 있나요?

해보세요 – 당신을 후원하고, 당신의 말을 들어줄 친한 친구를 사귀세요.

하지 마세요 – 연락이 끊어지지 않게 하세요.

목표로 하세요 – 좀더 참여하도록 하세요.

데이트 / 사랑 마음가짐

당신은 상처 받았고, 지금 자신의 껍질 속으로 다시 기어들어가고 있어요. 그녀/그가 어떤 행동을 하거나 어떤 말을 했나요? 아니면 그/그녀가 어떤 행동을 하지 않거나, 어떤 말을 하지 않았나요? 당신이 상대방의 부당한 행동에 대해 곰곰이 생각할 동안, 자신을 보살피는 걸 잊지는 마세요. 용기를 잃어 낙담하지도 말구요.

해보세요 - 자기 존중감을 키우세요.

하지 마세요 - 당신의 가슴과 머리에 존재하는 상처침입은 장소로 되돌아가지 마세요.

목표로 하세요 - 상대가 사과할 때까지 거리를 유지하도록 하세요.

스타일 / 이미지 마음가짐

상처받고, 예민하고, 깨질 것 같죠? 당신은 자신을 담요로 감싸거나 편안하게 목욕을 해도 좋습니다. 지금은 밖에 나가서 다른 이를 매혹하거나 그들과 게임을 할 때가 아닙니다. 당신 내면에서 무엇이 변형되고 있나요?

해보세요 - 호흡을 깊게 하고 보다 큰 그림에 대해 명상하세요. 그 그림 안에 있는 자신의 자리에 대해 명상하세요.

하지 마세요 - 당신의 영혼에 일치하지 않는 공격적인 스타일로 자신을 이끌고 가지 마세요.

목표로 하세요 - 스스로의 변화에 대해 명료해졌을 때, 밖으로 나오도록 하세요.

가정 생활 마음가짐

당신은 집에서 외로움을 느끼고 오해받는 것 같습니다. 당신을 위한 개인 공간이 거의 없어서, 다른 이들로부터 자신을 포근히 감쌀 고치를 틀고 있습니다. 집에서 잘 융화될 수 없도록 당신이 안에 간직한 것은 무엇인가요?

해보세요 - 자신을 좀더 배려해서 개인적인 공간을 달라고 요구해 보세요.

하지 마세요 - 화내고 가족들에게 분풀이하지 마세요.

목표로 하세요 - 평화롭게 지내세요.

교육 / 일 마음가짐

당신은 자신의 연약함, 과실, 또는 준비부족을 드러내는 무언가를 하도록 요구받고 있군요. 당신은 사람들 앞에서 바보처럼 보이기 싫습니다. 그래서 눈에 띄지 않게 현실을 피하고 싶습니다. 얼마나 오래 당신은 숨어있을 수 있을까요?

해보세요 - 용기를 내서 기꺼이 하고자 하는 당신의 마음을 보여주세요.

하지 마세요 - 다른 이들이 승리할 수 있도록 기회를 주지 마세요.

목표로 하세요 - 무엇이 필요한지, 어떻게 준비해야 하는지에 대해 폭넓은 시각을 가지세요.

21. rock 바위

바위는 지구가 생성될 때, 오래 전에 만들어졌습니다. 이 카드는 여간해선 흔들리지 않는 안전과 안정성을 상징합니다. 당신 바로 밑에 바위가 있으므로 토대를 세울 수 있는 강한 바탕이 있습니다. 그러나 바위는 어떤 지루함이나 가로막혀 있는 것 같은 상태를 암시하기도 합니다. 바위는 당신에게 모든 날씨에 견뎌낼 수 있는 탄탄함을 줍니다. 그러나 당신이 너무 규칙에 순응하고 있음을 의미할 수도 있습니다.

일반적 마음가짐

지금 당신의 세계를 흔들고 있는 것이 무엇이든, 당신은 정복될 수 없는 강한 자리에 있습니다. 자신의 믿음을 고수하고, 자신의 근본을 신뢰함으로써 당신은 틀림없이 이것을 견뎌낼 것입니다. 당신은 무엇을 의지하고 있나요?

해보세요 – 시련이 많은 여행에 대해 인내심을 키우세요.

하지 마세요 – 사건의 맹공격 아래 무너지지 마세요.

목표로 하세요 – 자신의 속도를 조절하고 그것을 자신의 방식으로 하세요.

친구 마음가짐

친구들 중에 사람들이 의지하고 믿을 수 있는 사람은 당신이거나 당신과 가까운 사람입니다. 이러한 평판은 축복인 동시에 불행입니다. 그것은 인기를 끌긴 하지만, 다른 많은 이들의 문제를 다루어야 하기 때문이죠. 누가 당신 자신의 바위인가요?

해보세요 – 자신에 대한 책임감을 기르세요.

하지 마세요 – 주변의 모든 이들에게 중요한 의지 상대가 되지 마세요.

목표로 하세요 – 다른 이들이 그들 스스로 생각하도록 용기를 주세요.

데이트 / 사랑 마음가짐

그래요, 당신들은 안정적일 거예요. 하지만 이 밀레니엄 시대에 전혀 변화가 없는 듯 가끔 느껴지지 않나요? 관계는 더 발전해야 합니다. 그렇지 않으면 끝납니다. 당신은 더 깊은 사랑의 예금액을 저장해 놓겠습니까, 아니면 끝낼 준비를 하겠습니까?

해보세요 - 당신들이 무언가를 하는 방식에 혁신을 줘 보세요.

하지 마세요 - 흔해 빠진 일상을 반복하지 마세요.

목표로 하세요 - 상대방에 관해 새로운 면을 발견하거나 관계의 발전을 도모하세요.

스타일 / 이미지 마음가짐

당신은 규범을 준수하는 것에 늘 만족하는 군중의 한 사람입니다. 그러나 그것은 자신을 표현하는 데 있어 매우 감각이 떨어지는 방법입니다. 이제 시대에 맞춰 나아가고 새로운 패션을 좇을 시간입니다. 어떤 스타일이 당신에게 가장 잘 맞나요?

해보세요 - 대담한 감각을 키워보세요.

하지 마세요 - 쥬라기 공룡 시대의 스타일은 피하세요.

목표로 하세요 - 아이 쇼핑을 좀 해서 시대감각을 좇아가세요.

가정 생활 마음가짐

당신이 집에 좀더 머무르면 화석이 될 것 같다고 느낄 거예요. 주변 사람들의 태도와 행동을 당신은 좋은 방향으로 변화시키려고 합니다. 하지만 그들은 바위처럼 꿈쩍도 안 해요. 당신을 움직이는 자신만의 꿈은 무엇인가요?

해보세요 - 협상하는 능력을 키우세요. 모든 이에게 이익이 되는 공정한 협정을 제안해 보세요.

하지 마세요 - 누군가 당신에게 한 얘기가 완전히 불공평하다면, 그것을 참지 마세요.

목표로 하세요 - 당신이 걷고 있는 길을 이해하려고 하세요.

교육 / 일 마음가짐

학교/일터에서의 일은 매우 안정적으로 보입니다. 실제로 그 일은 약간 지루하고 재미없다고 할 수 있습니다. 지속적으로 흥미를 느끼는 것이 당신에게는 가장 어려운 일이랍니다. 그러나 지금은 당신이 분담한 몫을 완수하고 자신의 일을 할 때지, 소동을 피울 때가 아니랍니다. 당신이 하는 일은 어떤 영향력을 가지나요?

해보세요 - 당신에게 정말 많이 달린 일이므로, 신실하고 믿을만하게 행동하세요.

하지 마세요 - 큰 대립은 피하세요.

목표로 하세요 - 당신이 일하는 방식에 무언가 새로운 아이디어를 불러 오세요.

22. cliff 벼랑

벼랑에서 보는 풍경은 아주 멋질지 모릅니다. 하지만 그 가장자리에 너무 가까이 가지는 마세요. 이 카드는 자아의 한계에 너무 가까이 가고 있다는 경고를 하고 있습니다. 당신의 견해나 습관이 극단적으로 가고 있다는 경고일 수도 있습니다. 또한 당신 자아의 경계로부터 자신의 영역으로 꾀어내려는 이들과의 만남이나 불화를 의미하기도 합니다.

일반적 마음가짐

당신은 감당할 수 없는 일 앞에서 자신의 한계가 어디에 있는지를 주목할 필요가 있습니다. 경계가 어디에 있는지는 자신이 정직할 수 있는 한계와 장벽과 수준이 얼마만큼인지에 달려 있습니다. 당신은 관습의 벽에 도전하여, 위험하게 살고 싶다고 생각할지도 모릅니다. 그러나 한계 안에 머무르는 것이 당신을 안전하게 지켜줍니다. 또한 생동할 수 있게 지켜줍니다. 당신이 영향을 주고자 하는 이는 누구인가요?

해보세요 – 아주 조심하세요.

하지 마세요 – 통제할 수 없는 곳으로 가지 마세요.

목표로 하세요 – 당신의 개인적인 안전지대를 발견하세요.

친구 마음가짐

당신이 어울리고 있는 친구들의 마음속에는 당신의 안녕이 들어있지 않습니다. 그들은 새로운 사람을 재미 삼아 극단적으로 테스트하려고 합니다. 당신이 상처받거나 더 안 좋은 상황이 되기 전에, 스스로에게 물어보세요. 당신은 이 관계에서 무엇을 얻기를 바라나요?

해보세요 – 위험한 상황인지 확실치 않은 순간에도 당신의 상식을 발휘해 보세요.

하지 마세요 – 경쟁과 도전을 하지 마세요.

목표로 하세요 – 당신과 관심사를 나눌 수 있는 더 좋은 친구를 구하세요. 당신 자신이 되세요. 순응하지 마세요.

데이트 / 사랑 마음가짐

연인은 당신의 개인적인 안전지대를 넘어서 가도록 부추기고 있군요. 그녀/그가 당신을 불안하게 하는 제안을 하나요? 그렇다면 불안한 느낌을 자기보호의 본능적인 경고 메시지로 받아들이세요. 누가, 당신의 자유의지를 진정으로 보호하고 있나요?

해보세요. - 약간 지체하거나 주의를 다른 데로 돌리는 기교를 발휘해 보세요.

하지 마세요. - 당신에게 위험하게 느껴지는 지역으로 이끌려 가지 마세요.

목표로 하세요. - 상황을 홀가분하게, 책임지지 않아도 되도록 유지하세요.

스타일 / 이미지 마음가짐

당신은 극단적인 스타일에 이끌리고 그것을 따라하려고 합니다. 이것은 당신의 반항적인 자존심을 강화하지만 다른 이를 놀라게 할 것입니다. 당신은 얼마나 오래 이 이미지로 살 수 있겠어요? 그리고 그렇게 다른 결심으로 삶을 바꾸는 결과는 무엇일까요?

해보세요. - 타임머신을 가동하세요. 그리고 지금으로부터 당신의 10대, 20대, 40대의 자신을 보세요.

하지 마세요. - 자신의 몸에 되돌릴 수 없는 변형을 가하지 마세요.

목표로 하세요. - 사람들에게 자신의 경계를 보여주는 내면의 반항심을 연습하세요.

가정 생활 마음가짐

당신과 집에 있는 이들은 이별의 지점에 다다랐습니다. 당신은 그들 각각과 위태로운 좌절로 끝을 맺으려 하고 있습니다. 이 가장자리에서 한 걸음 물러나세요. 좀 더 나은 관계로 회복하기 위해 당신이 할 수 있는 일은 무엇인가요?

해보세요. - 당신 내면의 협상자를 활동하게 하거나 상황을 진정시키기 위해 도움을 줄 수 있는 후원자와 함께 하세요.

하지 마세요. - 희망을 놓지 마세요.

목표로 하세요. - 당신 자신이 되도록 하세요. 희생자가 되는 것에는 어떤 영광도 없습니다.

교육 / 일 마음가짐

매우 조심해서 걸어가세요. 왜냐하면 당신이 든든한 기반이라고 생각했던 것은 무너질 위험이 있기 때문입니다. 이 위험에 대해 당신은 이전부터 들어왔으나 무시하기로 결정했었죠. 기억 안나나요? 당신은 바보들의 천국에서 살아왔습니다. 그러나 환상은 급격히 사라지고 있습니다.

해보세요. - 즉시 나아갈 수 있는 더 안전한 길을 찾으세요.

하지 마세요. - 위험을 무시하지 마세요.

목표로 하세요. - 수업이나 직업을 바꾸도록 하세요.

23. coin 동전

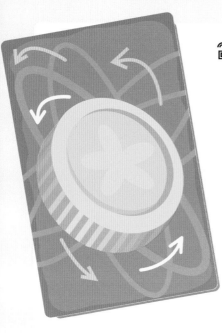

돈은 세상을 돌아가게 만듭니다. 비록 그것이 당신의 주머니에 매우 많지는 않다 해도 말이죠. 이 카드는 돈에 관한 것뿐 아니라 그 흐름과 원천에 관한 카드이기도 합니다. 너무 많거나 너무 적다는 자신만의 관념은 당신이 성장할 수 있는 가능성과 태도와 밀접히 연관되어 있습니다. 현대 세계는 사람을 그 재산의 많고 적음으로 판단합니다. 그래서 우리는 자신이 가진 소유물과 풍요로움을 같다고 보는 경향이 있습니다. 그러나 관대함과 이기심이야말로 이 카드와 관련된 가장 공통적인 주제입니다.

일반적 마음가짐

당신은 삶에서 원하는 모든 것을 가지진 않았을 거예요. 그래서 현재 자신이 가지고 있는 것 이상의 것을 갈망하고 있을 거예요. 그러나 당신이 이미 가지고 있는 것을 무시하지 마세요. 풍요란 마음의 상태이지 빠른 차가 아니랍니다. 당신이 정말 원하는 것은 무엇인가요?

해보세요 - 당신이 가진 것 중 가장 좋아하는 것들에 대해 감사하는 마음을 가지세요.

하지 마세요 - 다른 이의 행운이나 재산에 대해 질투하는 마음을 버리세요.

목표로 하세요 - 소유에 초점을 둔 마음에서 벗어나도록 연습하세요.

친구 마음가짐

당신이 관대한 마음을 연습하고 좋은 것을 남들과 나눌 수 있다면, 우정에 있어서도 풍요로울 거예요. 이기심에 대해 돌아오는 것은 한 손의 손가락만으로도 셀 수 있어요. 그것은 어느 누구도 갖고 싶어 하지 않는 것들이죠. 당신을 관대하게 하는 것은 누구, 무엇인가요?

해보세요 - 덜 이기적인 태도를 기르세요.

하지 마세요 - 친구들에게 줄 수 있는 걸 주지 않고 버티지 마세요.

목표로 하세요 - 자신의 행운에 가까운 친구들도 포함시키도록 하세요.

데이트 / 사랑 마음가짐

모든 세계가 연인을 사랑합니다. 지금 당신은 자신에게 흘러 들어오고 있는 사랑의 강물 안에 있음을 느낄 거예요. 돈으로는 사랑을 살 수가 없어요. 그러나 관대함은 확실히 사랑을 끌어당기죠. 당신의 마음을 그토록 풍요롭게 만드는 그것은 무엇인가요?

해보세요 - 관대한 느낌을 따라 행동하고 사랑의 포옹을 즐기세요.

하지 마세요 - 자신의 관대함을 뽐내지는 마세요.

목표로 하세요 - 그것이 지속될 때 누리세요.

스타일 / 이미지 마음가짐

그래요. 지금 당신은 가난해요. 당신이 그렇게까지는 보일 필요 없는 스타일로 상설 할인 매장에서 사거나 벼룩시장을 습격한 것 같은 옷을 입는다면 말이죠. 어깨를 펴고 걸으며, 사람들을 쳐다보세요. 당신이 밟고 서 있는 땅의 한 지점이 자신의 것인 듯 행동하세요. 옷이 남자나 여자를 마련해주진 않아요. 당신이 아무 말도 안 한다면, 상황이 안 좋게 돌아가는 걸 누가 알겠어요?

해보세요 - 당신 내면의 가능성에 접촉하여 그 안에서 부자가 되세요.

하지 마세요 - 당신이 패배자라고 믿지 마세요.

목표로 하세요 - 인간으로서 당신이 가진 천성을 자랑스러워하세요. 그것은 누구도 당신에게서 빼앗아 갈 수 없는 것이랍니다.

가정 생활 마음가짐

당신의 마음 안에서 돈과 사랑이란 것이 약간 혼란을 줄지도 모릅니다. 누군가 당신이 원하는 것을 사주지 않았다고 해서 당신을 사랑하지 않는다는 의미는 아니랍니다. 가족의 쓸 물건들이 적은가요? 지금의 흐름에 맞추어 가세요.

해보세요 - 당신이 무언가를 정말로 원한다면, 그것을 사기 위해 돈을 모으세요.

하지 마세요 - 분노를 느끼거나 혼자 뒤처지지 마세요.

목표로 하세요 - 당신의 욕구를 충족시키기 위해 정직한 돈벌이 사업을 찾아보세요.

교육 / 일 마음가짐

당신은 돈을 잘 버는 능력이 학교에서의 성취도에만 달려 있다고 믿나요? 경제적으로 부유한 사람이 가난할 수도 있고, 가난한 사람이 부유할 수도 있다는 것을 잊지 마세요. 그것은 그들이 마음의 부유함을 가지고 있느냐, 그렇지 않느냐에 달려 있답니다. 자신의 일을 사랑하는 것이 당신을 부유하게 만들 거예요.

해보세요 - 삶에 펼쳐진 길에 대해 긍정적인 태도를 가지세요.

하지 마세요 - 당신을 비참하게 만드는 일에 잠재력을 낭비하지 마세요.

목표로 하세요 - 당신이 사랑하는 분야를 공부하도록 하세요. 당신이 즐길 수 있는 일을 하세요.

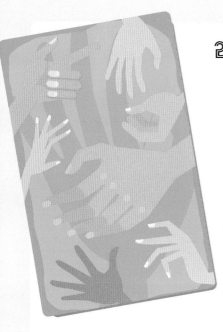

24. hand 손

우리 모두는 가끔씩 도움의 손길을 필요로 합니다. 이 카드는 친구의 도움이나 낯선 이의 예상치 않은 원조를 의미할 수 있습니다. 대부분은 후원과 도움을 가져다 주는 경우를 뜻하고, 계약 관계나 동맹 또는 새로운 우정을 의미할 수도 있습니다. 도움을 주기 보다는 받은 경우, 도움을 요구하거나 구했던 사람은 그 답례로 무언가를 주어야 하죠. 사람의 기술은 독특하게 마주 볼 수 있는 엄지 손가락에 달려 있습니다. 그 것을 통해 우리는 붙잡고, 만들고, 창조적인 아이디어대로 모양을 만들 수도 있으니까요.

일반적 마음가짐

현재 당신에게 닥친 어려움이 무엇이든 도움은 가까이에 있습니다. 그것은 가망이 전혀 없어 보이거나 예상치 않은 곳에서 올 수 있습니다. 현재 당신의 위치를 강화하거나 향상시킬 수 있는 좋은 기회입니다. 당신은 어떤 도움을 가장 필요로 하나요?

해보세요 – 당신 혼자 모든 것을 다 할 수는 없다는 것을 인정하세요.

하지 마세요 – 당신의 삶을 일로 과중하게 만들지 마세요.

목표로 하세요 – 어떤 일은 다른 이에게 맡기고, 자신이 다룰 수 있는 것만 다루세요.

친구 마음가짐

당신의 문제에 어느 누구도 관심이 없는 듯 보입니다. 그러나 당신이 요청하기만 하면 도움을 받을 수 있을 겁니다. 친구들은 당신에게 무언가를 줄 정도로 충분히 당신을 좋아합니다. 그러나 자신의 필요를 숨겨왔기에 친구들은 무엇이 잘못 되었는지 모르고 있을 거예요. 지금 당신은 무엇을 필요로 하나요? 친구들에게 요구하세요. 누군가 도와줄 거예요.

해보세요 – 당신의 욕구에 따라 행동하세요.

하지 마세요 – 문제를 덮어놓지 마세요.

목표로 하세요 – 다음번에는 친한 친구들과 더 함께 하세요. 함께 하는 것이 친구들이 있는 이유랍니다.

데이트 / 사랑 마음가짐

둘은 충분히 오래 손을 잡아왔습니다. 그래서 다음 단계로 이동하고 싶다고 느낄 것입니다. 그러나 이것은 단지 애정 어린 우정이며, 당신이 소망해 왔던 커다란 로맨스는 아닐 겁니다. 당신이 정말로 도달하려 애쓰는 곳은 어디인가요?

해보세요 - 그녀/그가 좀더 나아가기를 원하는지 체크하세요.

하지 마세요 - 그녀/그의 감정에 상처를 주지 마세요. 이것은 정말 느껴진답니다.

목표로 하세요 - 이 관계가 변한다 해도 친구로 남아 있도록 하세요.

스타일 / 이미지 마음가짐

당신은 자신에게 맞는 이미지를 찾는 데 완전히 포기했을 수 있어요. 자신이 원하는 스타일을 창조하는 데 단지 미숙한 것일 수도 있고요. 지금은 친구들에게 도움을 요청할 좋은 시간이랍니다. 친구 중 한 명이 당신에게 맞는 색깔과 모양을 아주 잘 골라줄 수 있어요. 당신은 도움을 요청하기에는 너무 거만한가요?

해보세요 - 빨리 행동하고, 자신이 어떻게 보이길 원하는지 알아보세요.

하지 마세요 - 파마가 안 좋게 나온 날은 피하세요.

목표로 하세요 - 해법을 찾기 위해, 자신에게 부드럽게 용기를 북돋워주세요.

가정 생활 마음가짐

누군가 당신의 도움을 원해요. 당신에게 넉넉한 시간은 아니지만요. 만약 당신이 호텔에서 살아서 룸서비스에 지불하는 것이 아니라면, 예상치 못한 요구는 가정 생활의 한 부분이에요. 당신은 가족의 일부예요. 부드럽게 가정이 돌아가는 데 필요한, 당신이 공헌할 바는 무엇인가요?

해보세요 - 상냥하게 도와주세요.

하지 마세요 - 너무 많이, 너무 자주 불평하지 마세요.

목표로 하세요 - 더 편리한 시간에 자기 몫의 일을 하도록 하세요.

교육 / 일 마음가짐

당신이 계획하고 있는 것이 무엇이든 그 계획은 더 잘 이루어질 거예요. 그들과 계약 관계를 잘 발전시킨다면 말이죠. 현재와 다른 시각을 가져서 창조적인 각도에서 모든 것을 포함시키세요. 또다른 눈을 통해 당신은 다음 갈 곳을 볼 수 있을 거예요. 이 일에서 당신의 정말 힘든 일을 누가 함께 하나요?

해보세요 - 도와줄 손길을 더 많이 구하세요. 그래서 당신의 기술을 강화하세요.

하지 마세요 - 혼자 고투하지 마세요.

목표로 하세요 - 일에 당신의 손길을 쏟고 온힘을 다하세요.

25. choice 선택

결정한다는 것은 완전한 자유입니다. 만약 당신이 이 카드를 뽑았다면, 당신의 결심이 지금 가장 중요한 것입니다. 그러니 오라클에 정직하게 질문하세요. 선택은 자유의지를 이용하여 당신이 어떻게 개인적인 스타일과 주도권으로 상황을 만들어가는지를 보여줍니다. 당신은 자신만의 길에서 큰 삶의 문제를 저울질 해야 한다는 것을 발견할 겁니다. 당신은 판단하고 변화함으로써 자신의 선택이 어떻게 돌아가는지를 볼 겁니다. 자신의 선택이 가져올 자유를 누리세요.

일반적 마음가짐

어떻게, 무엇을, 언제, 왜, 누구와 할지를 결정할 기회입니다. 당신 이외에 어느 누구도 이 중요한 결정을 대신 내려줄 수 없어요. 당신은 자신 앞에 마주친 인생을 보고 이렇게 질문할 겁니다. "앞으로의 길에 이 선택이 어떤 영향을 미칠 것인가?" 결정을 내리기 전에 후보들을 저울질해 보세요.

해보세요 – 현명한 선택을 하는 자유의지를 발휘하세요.

하지 마세요 – 주저하는 바람에 일을 운명에 맡겨버리지 마세요.

목표로 하세요 –삶의 진로를 자신이 적극적으로 만들어가세요.

친구 마음가짐

당신은 우정이 왔다가 사라지는 것을 보아왔을 겁니다. 삶의 초점과 관심사가 변화하면 친구는 사라져버리기도 하지요. 친구들이 왔다 가거나 당신이 중요한 결정을 해야만 할 때, 지금은 그런 순간의 하나일 겁니다. 당신이 이 관계에서 마주한 선택은 무엇인가요?

해보세요 –선택을 할 때, 객관적인 판단을 해보세요.

하지 마세요 – 과거의 시간을 함께 했다는 이유로 어울리지는 마세요.

목표로 하세요 – 모든 영역에서 교류하는 우정을 맺거나 우정을 끝내기로 서로 합의하세요.

데이트 / 사랑 마음가짐

당신은 중요한 시점에 이르렀습니다. 지금의 관계를 완벽한 행복의 길로 이끌 수도 있고, 완전히 부수어 태워버릴 수도 있습니다. 연인과 얘기하여 그녀/그는 어떻게 느끼는지 물어보세요. 이것은 매우 중요한 선택이니 올바른 선택을 하세요. 당신은 무엇을 해야 할지 알고 있나요?

해보세요. – 당신의 친절과 사랑을 일깨우세요.

하지 마세요. – 마음속에만 결심을 담고 있지 마세요.

목표로 하세요. – 옳은 결정을 하세요.

스타일 / 이미지 마음가짐

시장에는 아주 다양한 스타일이 있습니다. 이 중 당신에게 어울릴 만한 것을 선택하지 않는다는 것은 큰 문제입니다. 당신은 앞으로 전개될 트렌드를 어떻게 이해하고 있나요? 1년이나 2년 안에 펼쳐질 유행 말이에요. 이러한 트렌드를 포용하는 패션을 목표로 하세요.

해보세요. – 자신에 대한 깊이 있는 시선을 길러 보세요.

하지 마세요. – 스스로의 낡은 이미지를 재현하지 마세요.

목표로 하세요. – 당신 개인의 스타일의 날개를 만들어 자유롭게 날아가세요.

가정 생활 마음가짐

자유가 손짓하기 시작합니다. 당신은 아직 오지 않은 것을 기다리기에 힘들지도 몰라요. 집을 떠나기 전에 스스로에게 물어보세요. "나의 의지로 삶을 꾸려갈 준비가 되어 있는가?" 스스로 세탁해야 하고, 스스로 식사를 준비해야 하고, 스스로의 의지로 사는 모습을 그려보세요.

해보세요. – 상황을 관찰하고 어떻게 되어 가는지를 배우세요. 그런 다음 스스로 하기를 시작하세요.

하지 마세요. – 당신은 일들이 어떻게 돌아가는지 하루만에 자동적으로 알 수 있다고 생각하나요? 스스로를 속이지 마세요.

목표로 하세요. – 당신이 찾고 있는 독립을 가져올 자유의지를 적극적으로 이용해 보세요.

교육 / 일 마음가짐

자신의 선택이 지금 당신이 있는 곳을 형성했습니다. 그리고 그 결정은 끝나지 않았습니다. 당신이 지금 위치해 있는 곳이 싫다면 바꾸세요. 당신이 일하고 싶은 곳으로 가도록 삶을 조정해 보세요. 당신의 삶에서 어떤 결심이 가장 초점이 되고 있나요?

해보세요. – 다른 사람의 결정에 의존하기보다 자신의 동기를 중시하세요.

하지 마세요. – 나쁜 선택의 수갑을 차지는 마세요.(나쁜 선택을 했다면 그것을 지킬 필요는 없어요. — 역자 주) 이것은 종신형이 아니랍니다.

목표로 하세요. – 가능성을 탐색해보고, 그들이 가져올 자유를 그려보세요.

저는 이제 여러분에게 얘기해야 할 것을 모두 했습니다. 그러니 오라클은 신성한 책이 아니라 당신 자신의 훌륭한 판단을 위한 대리인이란 것을 기억하세요. 나는 여러분이 이 책을 가지고 재미있게 점을 보길 바랍니다. 그리고 자신이 해야 하는 모든 어려운 선택에 이 책이 도움이 되기를 신망합니다.

엠브리스